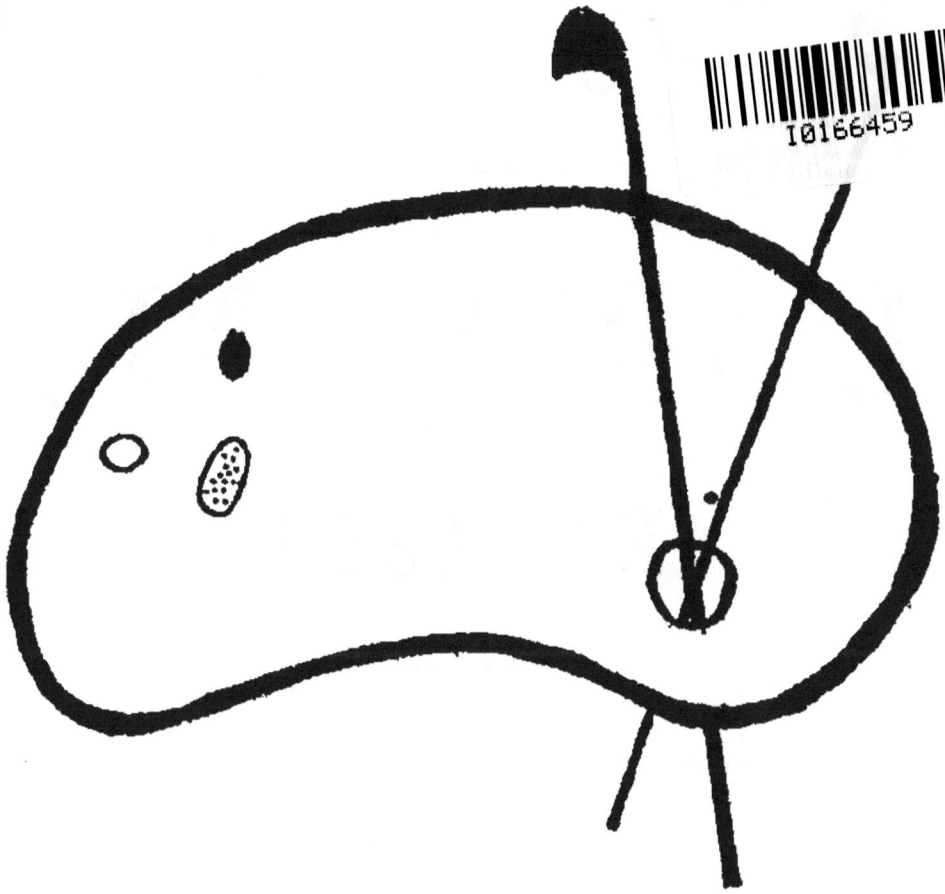

COUVERTURE SUPERIEURE ET INFERIEURE
EN COULEUR

RECTO ET VERSO

PAUL COMBES

L'ABYSSINIE

EN 1896

LE PAYS. — LES HABITANTS.

LA LUTTE ITALO-ABYSSINE.

Avec une carte de l'Abyssinie

PARIS

LIBRAIRIE AFRICAINE & COLONIALE

JOSEPH ANDRÉ & C^{io}

27, Rue Bonaparte, 27

1896

BLE

L'ABYSSINIE EN 1896

Beaugoncy. — Imp. J. Laffray.

PAUL COMBES

L'ABYSSINIE

EN 1896

7657

LE PAYS. — LES HABITANTS.

LA LUTTE ITALO-ABYSSINE.

PARIS

LIBRAIRIE AFRICAINE & COLONIALE

JOSEPH ANDRÉ & Cie

27, Rue Bonaparte, 27

1896

INTRODUCTION

En dépit de la pléïade d'explorateurs, Français pour la plupart, qui ont sillonné l'Abyssinie dans tous les sens, et levé une carte exacte et détaillée du pays, — la masse d'observations qu'ils ont recueillie se trouvant dispersée dans des relations peu accessibles, cette partie de l'Afrique est en réalité très peu connue.

Il n'existe aucun ouvrage d'ensemble résumant ce qu'il est important de connaître de la topographie, du climat, des populations, des productions et des ressources de l'Abyssinie, — ainsi que des phases historiques qui ont précédé et préparé la crise à laquelle nous venons d'assister.

Il ne sera donc pas sans utilité, dans les circonstances actuelles, de donner des aperçus pratiques, précis et puisés aux meilleures sources, sur un pays que les événements récents préparent peut-être à jouer un rôle important dans l'histoire de cette fin de siècle.

L'ABYSSINIE EN 1896

LE PAYS. — LES HABITANTS

LA LUTTE ITALO-ABYSSINE

CHAPITRE Ier

LE PLATEAU ABYSSIN. — SES GRANDES DIVISIONS.

Aux confins des bassins africains de la Méditerranée, de la mer Rouge et de l'Océan Indien, — en face de l'Asie, — se dresse, comme un gigantesque bastion, le haut plateau de l'Abyssinie, dont la superficie dépasse celle de la France (1).

L'Abyssinie forme une sorte d'îlot, un bloc compacte, un système à part dans l'orographie générale de l'Afrique, et elle possède une configuration

---

(1) Latitude septentrionale : 6º à 15º 30' ; — longitude orientale : 32º à 41º. — c'est-à-dire, environ 1,100 kilomètres, tant du Nord au Sud, que de l'Est à l'Ouest.

spéciale qui ne se rencontre sur aucun autre point du continent noir.

Le plateau abyssin, de nature basaltique, et d'une hauteur moyenne à peu près constante de 2,500 à 3,000 mètres, se termine au Nord-Est et à l'Est, presqu'au bord de la mer Rouge, par d'abruptes escarpements, tandis que sur les autres côtés de son pourtour, qui aboutissent à des déserts peu connus, il s'incline par gradins successifs. Toute son étendue n'est pas constituée, comme le terme de *plateau* pourrait le donner à penser, par de vastes plaines unies. Sa surface, extraordinairement tourmentée, semble, au contraire, à première vue, un chaos de montagnes escarpées et de profonds ravins.

Toutefois, un examen plus attentif permet de reconnaître les grandes lignes du relief, en se basant tant sur les facteurs orographiques que sur les facteurs hydrologiques.

Le plateau abyssin *proprement dit* se termine, du côté de la Nubie, à la vallée du Mareb, affluent du Nil. Or, le Tacazzé, autre affluent du Nil qui descend des hauteurs formant l'escarpement oriental du plateau, a pour lit une énorme coupure, de cinq à sept cents mètres de profondeur, dont la direction générale court de l'Est à l'Ouest, et qui sépare nettement, du reste de l'Abyssinie, toute la partie qui s'étend au Nord, jusqu'au Mareb. Cette première division est si naturelle et si bien caractérisée, non seulement au point de vue géographique, mais encore au point de vue ethnologique et linguistique, qu'elle a constitué, à diverses époques, un ensemble politique absolument distinct, sous le nom de *Tigré*.

Immédiatement au sud de la coupure du Tacazzé, s'élève le massif montagneux du Sémen, dont le plus haut sommet, le mont Dètjem, a, d'après M. d'Abbadie, 4,620 mètres, c'est-à-dire, presque la hauteur du Mont-Blanc.

Ces montagnes forment aussi une sorte de division à part, où, depuis près de trois mille ans, s'abrite une colonie juive venue en Éthiopie à l'époque de la conquête de la Judée par Nabuchodonor. Sous le nom de *Falasha*, ces Juifs ont conservé jusqu'à nos jours leur religion, leurs mœurs et leurs institutions. Libres de tout joug dans leurs inaccessibles retraites, ils ont souvent troublé la paix du pays, et quelquefois même dicté des lois à leurs voisins.

Au sud du Sémen, l'altitude s'abaisse à 1,900 mètres et, dans cette vaste dépression, s'étend une nappe d'eau de 75 kilomètres de longueur sur une largeur moyenne de 40 kilomètres : le lac Tzana ou Dembéa.

Au sud du Tzana, se relève le massif montagneux du Godjam, où la rivière Abaï prend sa source, à plus de 2,600 mètres de hauteur : elle traverse l'extrémité sud du lac, puis elle forme autour des montagnes du Godjam une vaste spirale, dont une portion constitue la limite méridionale de l'Abyssinie, avant d'atteindre le Fazokl, et d'entrer dans les plaines du Sennaar, où elle reçoit le nom arabe de Bahr-el-Azrek (Fleuve Bleu).

Toute la partie du plateau abyssin comprise entre le Tacazzé et la spirale de l'Abaï, porte le nom général d'*Amhara*.

Outre le *haut-plateau*, on comprend d'ordinaire, sous l'expression géographique d'Abyssinie, la zone littorale resserrée entre la crète orientale du plateau et la mer Rouge, zone où se trouvent la baie d'Adulis et le port de Massaouah, — et en outre la bande de territoire située au nord du Mareb et qui sépare le plateau abyssin de la Nubie. Cette double annexion, rarement justifiée par l'histoire, n'est fondée ni au point de vue de la géographie physique, ni au point de vue ethnographique.

« Au nord des terrasses de la province de Hamacên, dit à ce propos Th. von Heuglin (1), sous le 15e degré 20' de latitude septentrionale, est la frontière à la fois naturelle et politique de l'Abyssinie. Le caractère physique du pays change en même temps presque subitement. On quitte les hautes et larges plaines qui s'étendent en plateaux *basaltiques* sur toute l'Abyssinie, le Choa et les pays Gallas, et l'on entre dans une contrée dominée par une chaîne *granitique* aux sommets arrondis, aux nombreuses ramifications, aux vallées moins rapides et moins profondément déchirées. Une chaîne où paraît dominer le gneiss, large, peu accidentée, et s'élevant en assises

---

(1) *Ueber das Land der Beni Amer, oder Beni Aamer* (*Mittheilungen* de Petermann, 1867, n° 5, pp. 169-173).

successives jusqu'à une hauteur qui varie entre
1,000 et 1,700 mètres, court parallèlement à la côte
de la mer Rouge depuis les sources du Mareb en se
portant au Nord. Cette chaîne ne s'aplanit que vers
le Barka (1) inférieur, près de Tô-Kar (par 18° de
latitude septentrionale). A l'Est, elle descend en pentes rapides vers la plage étroite, brûlante, privée
d'eau et de végétation, qui borde la mer ; à l'Ouest,
elle s'incline vers les plaines basses du Barka. De
cette large chaîne, ou plutôt de ce massif, dont la
coupe présenterait une largeur de 40 à 70 milles
nautiques, et dont le bord oriental est plus élevé que
le bord occidental, descendent d'innombrables ravins
ou lits de torrents, tant vers l'Est que vers l'Ouest ;
durant la saison chaude, ces torrents restent complètement à sec, particulièrement dans leur cours inférieur. Les vallées occidentales sont les plus considérables, et leur direction correspond en général à la
pente de la montagne (au Nord-Ouest) ; ils se déver-
sent dans le Barka ou Baraka, large *khor* ou *ouâdi*,
qui, au temps des grandes eaux, vient aboutir à la
côte en un delta, dans le Tô-Kar, au Sud de Souakim. Une foule d'écoulements temporaires, créés par
les pluies, sillonnent les pentes rapides de la montagne, dans d'étroites coupures qui portent commu-
nément le nom de *af*, c'est-à-dire « la bouche ». La
vallée la plus remarquable est celle de l'*Anséba*,

---

(1) *Barka* signifie : le bas pays.

qui a son origine près de Tsaséga, dans l'Hamacên, par 15° 18' de latitude, d'où il se porte au Nord-Nord-Ouest et au Nord-Ouest à travers le pays des Bogos et des Bediouk, pour aller se réunir au khor Barka, entre les montagnes des Habab et des Maréa, vers 16° 36' ou 40'. »

J'ai tenu à donner *in-extenso* cette description, parce qu'elle est la plus concise et la plus caractéristique que je connaisse de cette région, qui est devenue l'*Erythrée italienne*.

CHAPITRE II

Le climat de l'Abyssinie, malgré le voisinage de l'Équateur, est tempéré, grâce à l'élévation des montagnes, et présente un véritable contraste avec les chaleurs brûlantes des plaines de sables des alentours. Le thermomètre y oscille entre 14 et 27 degrès. Au voisinage des sommets, il fait même froid ; cependant on ne voit nulle part de neiges perpétuelles.

Comme toutes les régions intertropicales, l'Abyssinie, étant soumise au régime régulier des vents périodiques, ne connaît pas nos quatre saisons européennes, mais deux seulement : la saison sèche, qui dure du 5 septembre au 10 mai, et la saison des pluies, — l'hiver de cette région, — qui occupe tout le reste de l'année.

Durant la saison sèche, c'est un pays tempéré, salubre, couvert de cultures et de moissons, arrosé par cinq ou six mille ruisseaux qui y maintiennent la fécondité et la vie.

« Dès la fin de mars, écrit Guillaume Lejean (1), qui a très bien décrit cette contrée, — ce paradis terrestre change d'aspect : l'épais feuillage des arbres jaunit, l'herbe prend des tons roussis, les rivières traînent un filet d'eau limpide et frais, mais indigent, parmi les galets de leur lit ; le sol gris du Tigré se dissout en poussière, pendant que les terres noires et grasses du centre durcissent comme de la brique : le plateau altéré demande l'irrigation périodique. »

Bientôt, les pics aigus du haut plateau condensent autour de leur cimes tous les nuages originaires des chaudes plaines environnantes, et le contraste des températures les résout en pluies. Celles-ci commencent avec le mois de mai, et, d'abord irrégulières, elles s'établissent définitivement du 15 au 20, et deviennent quotidiennes jusqu'à la fin de juillet.

« Pendant quinze jours et plus, le terrain desséché s'imbibe sans rien rendre, jusqu'au moment où, du sol saturé à l'égal d'une vaste rizière, sortent des ruisseaux permanents que le plateau abyssin vomit aux basses terres par les brèches basaltiques de trois mille cataractes mugissantes. J'ai vu telle de ces rivières, comme la Goumara, qui avait trois pouces

---

(1) *L'Abyssinie eu 1868* (*Revue des Deux-Mondes*, 1er mars 1868, p. 197).

d'eau en mars 1863, rouler trois mois plus tard vers le lac Tzana une masse liquide égale au débit moyen du Danube devant Silistrie. Jusqu'au sommet des collines, la terre est tellement imbibée que chaque habitant est obligé d'entourer sa maison d'une tranchée drainante pour la préserver des infiltrations qui sourdent de tous les côtés. On n'a pas de peine à comprendre que, durant les quatre mois de la saison des pluies, toute opération de guerre, de commerce, toute circulation de caravanes, soient suspendues par force majeure ; la contrée n'est qu'un immense bourbier et ne possède que cinq ou six ponts, bâtis il y a trois siècles par les Portugais, et qu'on ne répare ni ne relève quand une crue les dégrade ou les emporte, comme la crue de 1863 a emporté le pont du roi Facilidas, sur la route de Gondar à Debra-Tabor » (Guillaume Lejean, endroit cité).

Après les *petites pluies*, de mai à juillet, viennent les *grandes pluies*, de juillet à octobre. Les orages sont souvent d'un violence extrême.

Ces chutes d'eau dépouillent les montagnes de toutes les couches dont la désagrégation est possible. Les roches granitiques et quartzeuses qui subsistent, sont elles-mêmes profondément érodées par les déluges tropicaux.

De là, les formes singulières des montagnes, dont « quelques-unes, dit Bruce, sont tellement minces et plates, que, s'élevant comme un mur immense, on s'étonne qu'elles puissent résister à la force du vent. Il en est qu'on prendrait pour des obélisques, d'autres pour des prismes, et d'autres enfin qui, comme des pyramides posées sur la pointe, et la base dans les airs, semblent donner un démenti à toutes les idées reçues sur les lois de la pesanteur. »

Les *ambas,* dont la forme extraordinaire a la même origine, sont des montagnes très nombreuses en Abyssinie : au-dessus d'un cône de terre, surgit une sorte de cylindre rocheux, tronqué à son sommet, qui forme plateau ; quelquefois, il y a superposition de plusieurs plans inclinés, avec gradins successifs.

L'ensemble du plateau abyssin, d'une fertilité vraiment extraordinaire, est l'un des coins les plus favorisés du monde comme sol, comme climat, comme irrigation.

Grâce à sa configuration si fortement accusée, il possède plusieurs régions naturelles, dont le climat et les productions varient suivant les hauteurs, et, par suite, une particularité probablement unique dans la géographie physique du globe, celle de réunir la végétation et les cultures des régions tempérées, de la zone tropicale, et des pays intermédiaires.

Les Abyssins distinguent parfaitement ces trois zones, sous les noms de *déga* ou hautes terres, *voina dega* ou régions intermédiaires, et *kolla,* ou basses terres.

Les *déga* sont les régions les plus élevées du plateau abyssin, y comprises les montagnes qui les dominent. La température y oscille de 10 à 17 degrés. La végétation y est d'ordinaire maigre et chétive ; le

sol peu boisé. Seuls, l'orge et le blé y réussissent.
L'arbre le plus remarquable est le *cosso*, dont le bois
rivalise de beauté avec l'acajou. Les pâturages nourrissent une belle race de chevaux et de nombreux
bestiaux, qui errent en liberté. On y trouve le mou-
ton à longue laine.

Au-dessus de la *déga*, dans les montagnes qui dé-
passent trois mille deux cents mètres, la végétation,
plus rare, a un caractère plus tranché. C'est ainsi
que sur le mont Gouna, M. Lejean a pu admirer
l'étrange *djibera* (*dracœna*), au tronc recouvert d'un
filet à mailles en losange qui s'enlève assez facilement. A chaque losange correspond un nœud fort
saillant qui en occupe le centre.

Les *voina déga*, terres de la région moyenne, jouis-
sent d'une température douce et égale rappelant l'Italie et le midi de l'Espagne. Le thermomètre y varie
de 14 à 27 degrés. C'est la région la plus étendue;
elle comprend les environs de Gondar et du lac Dembéa. C'est aussi la plus riche de toutes, et on y trouve
les villes les plus importantes du pays. La plupart
des céréales, des fruits et des légumes de l'Europe
tempérée et de l'Europe méridionale y viennent à
souhait. Le froment est magnifique dans les parties
basses de la région, comme l'orge dans les parties
hautes. D'excellents pâturages nourrissent tous nos
animaux domestiques, à l'exception du porc.

La *kolla* est le plus souvent, du moins dans l'intérieur de l'Abyssinie, une plaine, un bassin entouré
de *degas*; elle peut avoir plus de deux mille mètres

d'altitude, comme la cuvette dont le lac Tzana occupe le centre : on voit que l'expression de « basses terres » a une signification très relative. Parfois, ce n'est qu'une étroite vallée, comme la *kolla* de Makar, près Gafat, entourée de belles masses de basalte; parfois même une gorge très resserrée, impraticable, comme celle où tombe le Davezout.

Les deux caractères les plus marqués de la kolla sont : chaleur étouffante en été, et végétation planbtureuse et désordonnée. Le thermomètre y atteint, pendant la saison sèche, jusqu'à **40** degrés centigrades, tandis que, pendant la saison des pluies, il descend rarement au-dessous de **22** degrés. Cette haute température, jointe à l'humidité, donne à la végétation une exubérance prodigieuse. Là, croissent le *dourah* et le *dagoussa,* graminée qui sert à faire une bière très recherchée. Le coton, l'indigo, l'ébénier, le baobab ou *douma* , le tamarin, le ricin, le baume de la Mecque, le safran, la canne à sucre, le citronnier, le bananier, le dattier, le caféier, que l'on dit aborigène de l'Enarea et du Kâfa, et qui réussit dans les parties un peu élevées plutôt que dans les plaines ; plusieurs espèces de mimosas ou gommiers, des bois de construction, un grand nompre de plantes médicinales, les plus joles fleurs (*methonica, phlomis leonurus,* etc.), telles sont les productions végétales de la région chaude. Les reptiles y atteignent des dimensions monstrueuses, et des myriades d'insectes malfaisants remplissent l'air ou fourmillent dans les basfonds. Le rhinocéros, l'hippopotame, le sanglier, le

buffle y recherchent les terrains noyés ou vaseux;
l'éléphant, le lion, la hyène, la panthère, y sont très
nombreux. Des milliers de singes, dont plusieurs
d'une grande espèce, peuplent les forêts. On y trouve
aussi la gazelle, la girafe, l'antilope et le zèbre.

La région erythréenne participe plutôt du climat
et de la végétation de la *voïna dega*.

Le Dr G. Schweinfurth, qui l'a visitée au commencement de 1894, l'a spécialement étudiée au point de
vue botanique, et, sous ce rapport, la relation de son
voyage, publiée dans la *Zeitschrift der Gesellschaft für
Erdkunde*, de Berlin, est un modèle du genre (1).

D'après ce savant explorateur, « les conditions de
la végétation caractérisent ce pays comme un anneau
de jonction entre la flore du haut-plateau et celle de
la région sous-nubienne ou des plaines soudanaises.
On y trouve surtout les formes d'arbres et de buissons
de cette dernière, tandis que beaucoup de végétaux
du haut-plateau, que l'on s'attendrait à trouver à
cette hauteur, manquent ou se voient rarement,
comme, par exemple, *Olea Chrysophylla* Lam., *Ru-
mex nervosus* V., *Pterolobium lacerans* R. Br., que l'on
rencontre seulement isolés. Par suite du manque
d'arbres dans la partie supérieure des crêtes des mon-

---

(1) Elle a été publiée, en italien, dans l'*Esplorazione
commerciale*, de Milan (ottobre-novembre 1894), et j'en
ai traduit et publié en français les passages essentiels,
dans le *Mouvement Africain* (du 15 décembre 1894 au
15 mars 1895).

tagnes et des collines, le pays offre un contraste très défavorable avec la région de l'Anséba, les montagnes de Keren et surtout l'Ocoulé-Cousaï, riches en plantes de tous genres. Il n'y a que les vallées profondes qui y sont revêtues de buissons assez denses, parsemés de grands arbres. Le manque d'eau pendant la saison sèche y est plus sensible que dans toute autre partie du haut plateau. L'abaissement général du territoire dans la direction nord-ouest produit une situation peu propice pour les conditions météorologiques, étant donnée l'influence des plaines ardentes du Soudan, particulièrement brûlées au printemps.

« Beaucoup de produits du sol, répandus dans toute l'Abyssinie, manquent en Erythrée, à cause de ce climat peu propice, leur culture n'étant pas rémunératrice. Comme au Soudan, la graine du dourah (*Sorghum*), y est la base de l'alimentation. Il y a peu de mules et de chevaux; l'élevage des bestiaux y est peu développé, mais cela résulte plutôt de la sécurité précaire du pays, que du manque d'eau et de pâturages; ceux-ci, constitués par une herbe excellente, ne font même pas défaut pendant la sécheresse. »

M. Achille Raffray, vice-consul de France, qui a visité l'Abyssinie à plusieurs reprises, a confirmé, par ses observations entomologiques, la division par zones déjà caractérisée par le climat et par la végétation.

« J'ai pu arriver, dit-il (1), à déterminer en Abys-

---

(1) *Voyage en Abyssinie et au pays des Gallas Raias* (*Bulletin de la Société de Géographie*, 2e trimestre 1882).

sinie quatre faunes tout à fait différentes les unes des autres, suivant les altitudes.

« La première est celle du littoral, c'est-à-dire des régions tout à fait chaudes; elle ne dépasse pas 800 mètres; c'est là son point extrême. Cette zone est exclusivement peuplée d'animaux qu'on retrouve dans toute la région saharienne du nord de l'Afrique.

« Il faut aller ensuite jusqu'à 1,200 ou 1,400 mètres pour trouver une deuxième zone, celle des vallées chaudes, des plaines basses de l'Abyssinie (*kollas*).

« La faune de cette région a tout à fait la variété des formes et la richesse des couleurs de la faune sénégalienne.

« J'y ai rencontré une quantité considérable d'insectes qui ne diffèrent pour ainsi dire pas de ceux du Sénégal : il y a même beaucoup d'espèces qui sont complètement identiques.

« Cette deuxième zone plus étendue et plus riche que la première, va de 1,200 à 2,000 mètres.

« Vient ensuite la zone des hauts plateaux, celle qui est vraiment caractéristique de l'Abyssinie et qu'on pourrait appeler zone éthiopienne, et dont l'altitude extrême est de 2,800 mètres. Les insectes qui l'habitent appartiennent à des types très variés : la plupart ont des formes spéciales; quelques-uns ont de la ressemblance avec ceux de l'Afrique australe; mais, ce qui m'a surtout surpris, c'est de rencontrer dans cette zone un grand nombre de types appartenant au bassin de la Méditerranée, c'est-à-dire se trouvant en Asie Mineure, en Grèce, et même dans le midi de la France.

« De 2,800 mètres à 3,800 mètres on trouve une zone tout à fait différente de la précédente; on arrive à une région que j'appelle sub-alpine, et qui est caractérisée, au point de vue botanique, par le *Rhynchopetalum montanum* des botanistes (1). Cette zone est très pauvre; il semble que la vie animale disparaisse avec la chaleur. Au col de l'Abouna-Yousef, par 4,024 mètres d'altitude, il y avait seulement 2° à 5 heures du matin, 6° 1/2 à 6 heures du soir et à midi; le thermomètre, exposé en plein soleil, s'est arrêté à 11°. On ne doit donc pas s'attendre à trouver là une faune intertropicale. En effet, les insectes qui vivent dans cette région appartiennent presque tous à des types de notre Europe tempérée et même montagneuse. La plupart d'entre eux ont leurs équivalents dans des espèces qui vivent dans nos Alpes, dans les Pyrénées et surtout en Styrie. Il n'y a qu'un ou deux genres qui soient propres à cette région, — genres qui n'étaient pas encore connus, formes nouvelles, mais voisines de formes européennes. »

Ainsi, par des études entomologiques qui semblent, à première vue, bien éloignées de la géographie,

---

(1) C'est la *djibera* des Abyssins, que Lejean rattache aux *dracæna*, et dont j'ai parlé plus haut.

M. Raffray est arrivé à caractériser en Abyssinie quatre régions distinctes suivant les altitudes.

Comme le dit cet excellent observateur, les insectes, avec un habitat très limité, dépourvus des moyens de diffusion que possèdent les animaux supérieurs et surtout les oiseaux, peuvent fournir d'utiles renseignements sur les caractéristiques géographiques. Des analogies qu'on ne soupçonne pas, des différences ignorées, sont révélées sûrement par ces petits êtres que le voyageur rencontre partout, dans l'eau comme sur la terre, dans les plaines comme dans la montagne, dans les sables brûlants comme dans les forêts humides.

C'est ce qui m'a fait insister sur ces données d'histoire naturelle, d'un intérêt considérable par leurs rapports avec la géographie.

CHAPITRE III

Les nations orientales ont donné aux Ethiopiens d'Homère, — « les plus justes des hommes » — le nom de *Habeshi* ou *peuple mélangé* (*convenæ*), dont on a fait les vocables européanisés d'*Abyssinie* et d'*Abyssins*.

Cette appellation, que ces peuples repoussent comme injurieuse ou n'emploient que dans leurs rapports avec les étrangers (1), leur convient cependant de tous points, ethnologiquement parlant.

Le plateau abyssin paraît avoir été occupé tout d'abord par une race primordiale aborigène à peau

---

(1) Ils sont désignés, dans leurs livres, sous le nom, d'origine grecque, d'Éthiopiens (*Itiopiavan*), ou *Agazian*, c'est-à-dire, en gheez, *hommes libres;* — et prennent eux-mêmes les noms particuliers d'Ambarites, de Tigréens, ou plus généralement de *Caschtam* (chrétiens).

noire et à cheveux crépus, qui a laissé dans le pays des vestiges nombreux d'habitudes troglodytiques observées par maints voyageurs. Elle est restée dans un état d'infériorité intellectuelle et sociale, et forme encore aujourd'hui la moitié au moins de la population.

Ces Éthiopiens primitifs, dont l'empire, établi à Meroë, se perd dans la nuit des siècles, ont eu des rapports fréquents avec les Égyptiens. Nombreux et puissants, ils entrèrent souvent en lutte avec l'Égypte et lui imposèrent même des lois et des monarques. Ils en reçurent, en revanche, — en même temps que d'importantes migrations, dont Hérodote nous a transmis le souvenir, — des coutumes et des croyances.

Il n'est guère possible de douter, non plus, que l'Éthiopie n'ait reçu, du Hedjaz ou de l'Yemen, une race arabe qui lui porta son langage : celui-ci s'altéra plus tard par le mélange avec d'autres idiomes, mais on en retrouve des traces certaines dans le *gheez*, dont nous parlerons plus loin.

Mais ces relations des Éthiopiens avec l'extérieur furent loin d'être seulement passives. Depuis les temps les plus reculés, ils ont partagé avec les Arabes le monopole du commerce de la mer Rouge avec l'Inde et d'autres parties de l'Asie. Montés sur des barques de cuir, les Éthiopiens allaient chercher au loin des marchandises précieuses (encens, myrrhe, perles, etc.), que les Arabes nomades transportaient ensuite, sur leurs chameaux, aux villes de l'Égypte, de la Judée et de la Syrie, à Tyr et à Sidon.

Ce commerce était dans toute sa splendeur au temps de Salomon, et le voyage de la reine des Sabéens à sa cour, bien loin d'être un fait invraisemblable et isolé, est, au contraire, un exemple des relations qui devaient exister couramment à cette époque entre l'Éthiopie et les autres pays peuplés par des Sémites.

C'est ce qui explique également qu'une colonie juive y soit venu fixer sa demeure, ainsi que nous l'avons dit, au temps de Nabuchodonosor.

Quoi qu'il en soit de tous ces mélanges de races, à l'heure actuelle, la linguistique permet de partager l'Abyssinie en deux grandes régions ethniques, qui correspondent exactement aux divisions naturelles du pays par la vallée du Takazzé.

En effet, deux langues principales y sont en usage : celle du Tigré et celle de l'Amhara.

L'idiome du Tigré a pour base le *gheez*, langue sémitique, aujourd'hui plus ou moins mélangée avec le langage primitif des aborigènes. Le gheez *pur* n'est plus, depuis le xive siècle, qu'une langue morte, restée, comme le latin chez nous, la langue de la liturgie et des lettres. Les livres des Abyssins sont écrits en gheez.

L'*amharna* ou langue *amharique*, par son vocabulaire propre, aussi bien que par ses formes grammaticales, diffère essentiellement de l'idiome du Tigré. L'élément gheez y a pénétré, mais le fond de la rigène. D'ailleurs, par suite des prédominances politiques, l'amharna est devenu l'idiome le plus répandu en Abyssinie.

Outre ces deux langues générales, il y a, dans les provinces, un très grand nombre de dialectes particuliers. Ceux-ci constituent des patois du gheez ou de l'amharna, ou même un troisième patois, qui diffère aussi radicalement des autres que le basque diffère du français.

Ces différences ont une grande importance au point de vue des origines ethniques. Il est bien établi aujourd'hui qu'il existe dans la population de l'Abyssinie deux éléments distincts : l'un se rattache aux races sémitiques, l'autre en diffère radicalement. Le premier est d'origine étrangère, et s'est introduit sur le plateau éthiopien par immigration ; l'autre représente la population primordiale et aborigène, qui porte le nom général d'*Agaô*.

A ces races, il faut ajouter les *Gallas* des confins méridionaux, qui ont leur langue particulière. Depuis la première moitié du XVIᵉ siècle, ils ont fait des incursions régulières dans les provinces du Sud, y ont fondé des établissements permanents, et ont fini par former une partie notable de la population des plaines de l'Amhara. Quelques-uns de leurs chefs ont même joué un rôle considérable, depuis la fin du siècle dernier, dans les révolutions et les guerres intestines qui ont agité l'Abyssinie.

Comme dans toutes les contrées où la nationalité s'est formée d'une agglomération d'éléments divers,

la population abyssine présente une assez grande
variété de caractères anthropologiques. Toutefois,
le type dominant a un caractère tout à fait européen, sauf en ce qui concerne la coloration plus ou
moins foncée de la peau. Elle est presque blanche
dans les rangs élevés de la société, particulièrement
chez les femmes. Mais à mesure que l'on descend de
classe en classe, on reconnaît aisément, surtout
dans les provinces du Sud, le mélange du sang
nègre à différents degrés. Un grand nombre d'indi-
vidus ont une physionomie qui rappelle celle des
Coptes et des anciens Égyptiens, telle qu'elle est
exactement exprimée dans la tête du sphinx. Chose
remarquable, même le type général des Agaô et des
Gallas, comme celui des purs Abyssins, présente le
caractère européen.

Le développement moral des Abyssins est très
supérieur au degré de culture des nations environnantes. En beaucoup de choses, la société abyssine
a pris les habitudes et la vie morale des nations po-
licées. Seule sa position géographique, peu favorable aux relations extérieures, a empêché une ini-
tiation plus complète que celle qu'elle a pu recevoir,
aux premiers siècles de notre ère, de son contact
avec les marchands égyptiens et les Grecs du Bas-
Empire.

Mais il semble qu'elle soit à la veille de rattraper
le temps perdu.

Quoique chrétiens, les Abyssins sont polygames.
Dans les classes inférieures de la population, parmi

les tribus aborigènes, le christianisme est mêlé d'un grand nombre de coutumes païennes. L'Église abyssine appartient à la communion copte; elle est par conséquent *monophysite*, c'est-à-dire qu'elle ne reconnaît en Jésus-Christ qu'une seule nature, la nature humaine, et qu'elle nie sa nature divine. Elle a pour la Vierge une vénération toute particulière. Le clergé est nombreux et exerce une grande influence. Les prêtres peuvent se marier, mais une fois seulement. L'*Abouna*, chef de l'Église, est nommé et consacré par le patriarche d'Alexandrie. Depuis le xvie siècle, les musulmans sont devenus nombreux dans le pays.

On peut distinguer cinq classes dans la société abyssine : les nobles, le clergé, les marchands, les gens de la campagne, les esclaves. Ces derniers, peu nombreux, appartiennent principalement à la race nègre, et, comme dans tout l'Orient, leur condition est assez douce.

Les maisons abyssines sont à pans de bois, aux murs recrépis d'argile, et surmontées de toits de chaume de forme conique.

Dans les parties chaudes du pays, les habitants ne portent guère qu'une sorte de tablier de cuir attaché autour des reins. Mais le vêtement national est le *tobé*, grande toile de coton qui sert de robe. La manière dont les hommes et les femmes des hautes classes se drapent dans leur pièce de coton ou de soie est pleine de distinction et de grâce.

Les populations répandues au nord du plateau éthiopien présentent des particularités spéciales.

Toute la région érythréenne fut originairement envahie par un flot de tribus sémitiques, dont la plus puissante est aujourd'hui connue sous le nom de *Beni-Amer*. Ces nomades envahisseurs subjuguèrent ou refoulèrent les Bedjah, qui possédaient, au rapport de Makrizi, l'*hinterland* de la côte de Massaouah. L'idiome des aborigènes était le bedjaouïèh ou bedaouïèh, langue que l'on parle encore principalement dans le Nord et dans l'Ouest, tandis que les tribus du Sud et de l'Est parlent le dialecte gheez des Massaouïèh, c'est-à-dire le tigrèh ou bazèh; beaucoup de tribus parlent d'ailleurs familièrement les deux langues.

Munzinger a fait connaître les restes d'anciennes tribus du pays des Beni-Amer, les *Kilou* et les *Heïkota*, qui habitent dans la partie Nord-Ouest, à côté de trois tribus autrefois chrétiennes, les *Beït-Bidel*, les *Alabia* et les *Az-Koukouï*. Entre les habitants du Sambar d'un côté, et les Beni-Amer du Barka de l'autre, pénétrèrent les *Teroa*, que l'on dit être venus d'Arabie (d'autres les rattachent à la race des Danakil, par conséquent à la famille Galla), et qui soumirent à leur domination les Mensa et les Maréa; puis vinrent d'Abyssinie les *Beït-Takouèh*, les *Bogos*, et finalement les *Bediouk* avec les autres tribus du même sang, qui se rendirent maîtres de la contrée des Habab.

La langue des Bogos, le *belèn*, a des rapports de parenté avec le dialecte agaô; elle est, peu à peu, supplantée par la langue dominante, le tigrèh.

La religion dominante est l'islam. Dans le Sud, quelques restes du christianisme abyssin se conservent encore, mais ils vont s'effaçant de plus en plus. Des restes nombreux d'églises et de cloîtres, que l'on trouve jusqu'à 16°30' de latitude, témoignent de l'action religieuse de l'Abyssinie, qui se fit sentir au Nord, jusqu'à l'époque de la conquête du littoral par une flotte turque, en 1557. Des restes encore plus anciens d'habitations souterraines, et de véritables villes troglodytiques, se trouvent dans l'intérieur et sur le Mareb.

La grande majorité des habitants, aborigènes ou immigrés, cultive le sol et élève le bétail; tous sont très riches en chameaux, bêtes à cornes, moutons et chèvres. Ils ont aussi le cheval, l'âne et le mulet. L'élevage du chameau ne se fait que dans les basses terres.

Les Beni-Amer proprement dits, avec leurs nombreuses subdivisions, leurs clans, et les tribus qui leur sont soumises, ont à leur tête un grand cheïk héréditaire.

Les tribus établies dans le pays à une époque relativement moderne, comme les Bogos, les Bediouk, les Marca et les Beit-Takouèh, ont des habitations fixes, des villages et des espèces de métairies, souvent très éloignés des terres qu'ils cultivent.

Les Beni-Amer, à proprement parler, sont nomades. Ils habitent aussi des campements fixes formés de tentes en nattes : leur seul village permanent est Badoûr-Akik, qui a de grandes maisons et des murailles en pierre.

D'après Schweinfurth, la population de la région comprise sous le nom collectif de Dembelas, répartie en 160 villages environ (de 100 à 600 âmes chacun) est, sans exception, de race nord-abyssine (Tigréens); la langue est également celle du Tigré. On ne voit parmi les habitants, sauf exception, ni nègres, ni Soudanais, bien que, dans beaucoup de villages, le nombre des mahométans soit très grand. Ces derniers s'occupent principalement au tissage du coton et à quelques autres métiers, travaux que l'Abyssin chrétien considère comme une honte.

Toutes les prescriptions et les persécutions que, sous le négus Jean (en 1880) eurent à subir les Abyssins mahométans (appelés au Soudan *Gheberti*, par opposition aux *Macade*, Abyssins chrétiens), n'ont pu ni les chasser de leurs demeures, ni les décider à se convertir. Sans doute, ces fidèles de l'Islam étaient particulièrement protégés par l'éloignement de leur pays, qui n'a jamais été considéré comme une province de l'empire éthiopien, et qui a toujours joui du privilège d'une colonie autonome, où jamais les taxes n'ont été levées. De cette circonstance, et aussi du fait qu'aujourd'hui encore les différentes parties du pays sont désignées par les noms des familles qui s'y établirent d'abord, on peut déduire que l'immigration abyssine au nord du Mareb est de date récente et ne remonte peut-être pas au-delà de l'avant-dernier siècle.

CHAPITRE IV

ORIGINES HISTORIQUES. — RELATIONS AVEC L'EUROPE

S'il fallait en croire les annales abyssiniennes, la ville d'Axoum (1) aurait été fondée du temps d'Abraham. La reine de Saba y aurait établi sa résidence, et la dynastie des monarques abyssins serait issue de Menilek, fils que cette reine eut de Salomon.

Quoi qu'il en soit, Axoum était une ville importante lorsque, à la fin du IIIᵉ siècle avant notre ère, le roi d'Égypte, Ptolémée Evergète, s'en empara, ainsi que de son port, Adulis.

C'est de cette époque que datent les célèbres obélisques d'Axoum, dont tous les voyageurs ont donné la description.

Lorsque la dynastie des Ptolémées eut été rempla-

(1) En abyssin, *Akéséme*, d'après Guillaume Lejean, *Voyage en Abyssinie*, dans le *Tour du Monde*, t. XV, p. 369.

cée par la domination romaine, celle-ci devint maîtresse du commerce des *Axoumites*, comme les appelait Pline.

Les géographes Ptolémée et Arrien, tous deux contemporains des empereurs romains Adrien et Marc-Aurèle, parlent d'Axoum comme d'une grande métropole, et Arrien (*Périple de la mer Rouge*), qui place cette ville à huit journées de marche du port d'Adulis, dit que c'était le centre du commerce de tout l'ivoire, que l'on y transportait d'au-delà du Nil.

La conversion des Éthiopiens au christianisme eut lieu, d'après la chronique d'Axoum, vers l'an 333, sous le règne de Constantin, par suite du naufrage d'un jeune chrétien, nommé Frumence, sur les côtes de l'Abyssinie.

A aucune époque, le pouvoir de ce peuple ne s'est étendu plus loin. Les Éthiopiens portèrent leurs armes jusqu'en Arabie, et l'Yémen soumis était gouverné par un officier du roi d'Axoum. Cette conquête, qui les rendait seuls maîtres de la mer Rouge, fit rechercher leur alliance par Justinien, dans sa guerre contre les Persans.

C'est également sous le règne de Justinien que l'impératrice Théodora introduisit en Abyssinie la doctrine monophysite.

La soudaine et rapide expansion du mahométisme eut pour premier effet de faire perdre à l'empire d'Abyssinie les provinces qu'il avait en Arabie.

De plus, les musulmans, lorsqu'ils s'emparèrent

de la Syrie et de l'Égypte, en chassèrent un grand nombre de juifs, qui vinrent chercher asile auprès de leurs compatriotes, les *Falasha* d'Éthiopie, dont nous avons déjà parlé.

Ceux-ci en acquirent une telle puissance que, pendant trois siècles, ils imposèrent à l'Abyssinie des princes de leur race, ne laissant que le Choa aux descendants de Ménilek.

Le plus remarquable de ces souverains israélites fut Lalibala, qui vivait à la fin du xiie siècle. Ce fut lui qui fit creuser dans le roc ces curieuses églises monolithes très bien décrites par M. Raffray. Il essaya aussi de dériver une partie du cours du Nil, pour priver l'Égypte des crues qui seules fertilisent son sol, et en chasser les musulmans.

Vers 1255, le petit-fils de Lalibala remit volontairement la couronne d'Abyssinie au descendant légitime de Ménilek.

C'est aussi à partir de cette époque que commencent sérieusement, en Éthiopie, les luttes entre islamites et chrétiens, décrites par Macrizi.

Les Musulmans, qui n'occupaient d'abord les provinces maritimes que comme feudataires de l'empereur d'Abyssinie, s'étaient peu à peu rendus puissants et détenaient le riche commerce des côtes. Il y eut entre eux et les chrétiens du haut-plateau, des guerres continuelles, jusqu'à la fin du xve siècle, sans que rien fut modifié à leurs positions respectives.

Dès le xiie siècle, les voyageurs européens avaient raconté mille merveilles, au sujet d'un puissant prince chrétien, qu'ils nommaient le *Prêtre Jean*, qui régnait du côté des Indes, et qui maintenait intacte la pureté de la foi de son peuple, au milieu des nations musulmanes contre lesquelles il luttait.

Or, par l'ordre du souverain d'Ethiopie Zara Jacob, deux pauvres religieux ayant été envoyés au concile général de Florence par le supérieur du couvent que les Abyssins entretenaient à Jérusalem, nul ne douta en Europe, lorsqu'ils exprimèrent la profession de foi de leur maître, que l'empereur d'Abyssinie ne fût le *Prêtre Jean*.

Aussi le roi Jean de Portugal, jugeant précieux le concours de ce prince pour seconder les efforts de ses navigateurs, envoya à Alexandrie, Pierre Covilham et Alphonse de Païva, pour se renseigner sur le *Prêtre Jean*, et lui porter ensuite des offres d'alliance.

De Païva étant mort, Covilham, après une longue odyssée au Caire, à Suez et jusque dans les Indes, débarqua enfin en Ethiopie, en 1490. Il y fut parfaitement reçu, mais il tomba en même temps sous le coup de la loi sévère qui défendait à tout étranger ayant mis le pied sur le sol de l'Abyssinie d'en jamais sortir. Il s'acquitta néanmoins de sa mission, engageant les princes abyssins à envoyer une ambassade au roi de Portugal. Les circonstances vinrent le seconder puissamment.

Selim Ier, s'étant rendu maître de l'Égypte, couvrit la mer Rouge de ses flottes, et mit des garnisons de janissaires, pourvus de mousquets et d'artillerie, à Djeddah, Moka, Souakim, Zeilah.

Ce redoutable voisinage engagea l'impératrice éthiopienne Héléna, régente pendant la minorité de son petit-fils David, à envoyer demander l'assistance du roi de Portugal par un marchand arménien nommé Matthieu, que ses rapports dans l'Inde avec les Portugais avaient mis à même d'apprendre la langue de ces derniers.

Matthieu réussit, malgré les musulmans, à s'embarquer pour l'Inde dans un port de la mer Rouge, mais ce ne fut qu'au bout de trois ans qu'il parvint à convaincre Albuquerque de sa qualité d'ambassadeur et à partir pour Lisbonne.

Le roi Emmanuel reçut à merveille le représentant de l'impératrice Héléna, et n'hésita pas à envoyer en Éthiopie une ambassade composée de don Roderigo de Lima, ayant le titre d'ambassadeur, de quelques gentilshommes et de trois chapelains, dont un, Francisco Alvarez, a laissé un récit complet du voyage.

L'ambassade débarqua à Massaouah le 6 avril 1520, et ce ne fut qu'après un long et pénible voyage qu'elle put recevoir audience du roi David, le 1er novembre 1520.

Ce ne fut qu'au mois d'avril 1526 que don Roderigo de Lima obtint l'autorisation de s'embarquer à Massaouah pour Lisbonne, accompagné d'un ambassadeur abyssin. Celui-ci devait solliciter du roi de

Portugal le secours de ses soldats contre les islamites voisins devenus de plus en plus menaçants.

Six ans après seulement, quatre cents soldats portugais arrivèrent en Abyssinie sous le commandement de don Christophe de Gama. Grâce à la supériorité de leur armement et de leur tactique, après plusieurs combats dans l'un desquels leur chef trouva la mort, ils repoussèrent les musulmans.

Mais alors, le moine Bermudez, qui faisait partie de l'expédition, et que le pape avait même nommé patriarche d'Éthiopie, entreprit de ramener l'Église abyssine dans le giron de l'Eglise romaine. Cette prétention déchaîna des querelles intestines et des troubles, dont les Gallas profitèrent pour faire des incursions dans le pays. De leur côté les Turcs prirent Massaouah, ce qui mit fin aux relations entre l'Abyssinie et l'Europe jusqu'au commencement du xviie siècle.

Une dernière tentative du missionnaire Pierre Paëz pour établir la religion romaine en Abyssinie, échoua définitivement le 14 juin 1632, à l'avènement au trône de Facilidas, fondateur de Gondar. Tous les missionnaires catholiques furent chassés de l'Empire.

Les relations qui existèrent entre l'Éthiopie et le Portugal durant cent soixante ans marquent, pour les temps modernes, le commencement de l'histoire géographique de cette région du continent africain, aussi bien que de son histoire politique. L'ambassade portugaise de 1520, dont le chapelain Francisco

Alvarez écrivit la relation, est, à ce double point de vue, un événement mémorable. Cette relation, digne encore aujourd'hui d'un très grand intérêt, a été publiée originairement en portugais, Lisbonne 1540. Il en existe une traduction espagnole, Anvers 1557, une italienne, dans Ramusio; une anglaise, dans Purchas; et une française, édition de 1558.

Puis vinrent les relations du P. Antonio Fernandez (1613), du P. Paëz (1618), du P. Lobo (1628), et d'autres mémoires particuliers, que le P. Manoel d'Almeida, autre ambassadeur portugais, fondit dans son *Historia general de Ethiopia*, publiée par le P. Baltazar Tellez (in-fol., Coïmbre, 1650 et 1660).

Il faut encore citer, parmi les productions importantes de cette période purement portugaise de l'histoire géographique de l'Abyssinie, l'*Historia Æthiopica* du savant Job Ludolf (in-fol., Francfort, 1681-1691), le premier qui, en Europe et en dehors des missions, ait concentré ses études sur la littérature éthiopienne. Un des grands services que l'ouvrage de Ludolf a rendus à la géographie de l'Abyssinie, est d'en avoir rectifié et fixé la nomenclature indigène, singulièrement altérée dans la plupart des relations portugaises, où *Axoum*, par exemple, s'écrit *Chaxumo*, avec une aspiration gutturale de la première syllabe.

Plus de soixante ans s'étaient écoulés depuis la cessation des relations portugaises avec l'Abyssinie, lorsqu'en 1698, l'empereur Yasous, petit-fils de Faci-

lidas, fut attaqué d'une espèce de lèpre qui résistait
à tous les remèdes. Il envoya au Caire un messager
chargé de trouver un médecin européen qui pût lui
apporter quelque soulagement. Le consul de France
proposa un fameux médecin français établi au Caire,
nommé Poncet. On lui adjoignit, en dissimulant son
caractère religieux sous les fonctions de secrétaire,
un missionnaire jésuite, Xavier de Brevedent, qui
mourut en route.

Poncet, arrivé seul à Gondar, guérit parfaitement
l'empereur. Son passage paraît avoir laissé une impression profonde dans les régions qu'il traversa;
beaucoup d'Européens s'y sont succédé depuis, mais,
s'il faut en croire Guillaume Lejean, au-dessus des
souvenirs qui peuvent être restés d'eux, plane la figure mystérieuse du grand docteur franc qui voya-
geait avec une suite somptueuse, comme un hakim
des *Mille et une Nuits*.

Poncet n'avait été que le précurseur d'une ambassade française, qui partit du Caire et suivit la même
route que le médecin français; mais l'infortuné
Duroule, vice-consul à Damiette, qui avait été revêtu
des fonctions d'ambassadeur, fut assassiné dans la
ville de Sennaar avec toute sa suite.

En 1769, un Écossais, James Bruce, qui croyait
trouver en Abyssinie les sources du Nil, débarqua à
Massaouah, se rendit de là à Arkiko, et le 15 novembre, quitta cette ville pour se rendre à Gondar.
Il y resta jusqu'en 1771, convaincu que les sources
du Bahr-el-Azrek étaient celles du Nil. Sa relation,

quoiqu'entachée par cette erreur et par quelques autres, n'en renferme pas moins de nombreux et utiles renseignements sur l'Abyssinie.

Henri Salt, qui avait accompagné lord Valentia dans l'Inde, visita l'Abyssinie à deux reprises, en 1805 et en 1810.

A son second voyage, il était envoyé par le gouvernement anglais pour tâcher d'établir avec ces régions des relations de commerce. Mais l'état précaire de l'empire, en proie aux divisions des ras sous un monarque impuissant, ne lui permit pas d'accomplir sa mission.

En 1833, un jeune naturaliste allemand, Edouard Rüppell, qui s'était déjà fait connaître par une excellente étude de la Nubie, fit en Abyssinie un voyage des plus fructueux au triple point de vue de l'histoire naturelle, de la géographie astronomique et des antiquités.

Après Rüppell, chaque année a vu se succéder en Éthiopie de nouveaux explorateurs : Rochet d'Héricourt, Théophile Lefebvre, Ferret et Galinier, Charles Beke, William Harris, le P. Sapeto, les deux missionnaires protestants Kaapf et Isenberg, les frère Antoine et Arnauld d'Abbadie, Théodore de Heuglin, etc. L'exploration des frères d'Abbadie, de 1838 à 1848, est certainement la plus remarquable de toutes, tant par les distances parcourues que par les résultats acquis.

CHAPITRE V

Nous venons de voir que, dès 1819, le voyageur Henri Salt avait été chargé par le gouvernement anglais d'établir avec l'Abyssinie, des relations de commerce, mission restée d'ailleurs sans résultats pratiques.

Quelques années plus tard, ces projets furent repris fortuitement.

John Bell et Walter Plowden, deux jeunes officiers de la Compagnie des Indes, d'humeur aventureuse, avaient, de 1838 à 1842, abandonné leur carrière pour courir à la recherche des sources du Nil. Ils parcoururent l'Abyssinie et furent fort bien reçus

---

(1) Je résume, dans ce chapitre, les excellents travaux publiés sur la guerre des Anglais contre Théodoros, dans la *Revue des Deux-Mondes*, par MM. H. Blerzy et L. d'Hendecourt.

par Ras-Ali, grand-vizir de l'empire, qui avait usurpé le pouvoir et qui régnait sur l'Amhara avec Debra-Tabor pour capitale.

Ce prince, vers 1847, profita du départ de Plowden pour l'Angleterre, et envoya par Massaouah un ambassadeur et des présents à la reine Victoria. Mais un naufrage, près de Suez, effraya tellement l'envoyé abyssin, que Plowden dut partir seul pour l'Angleterre.

Lord Palmerston renvoya Walter Plowden en Abyssinie avec le titre de consul de Sa Majesté britannique et avec mission de conclure un traité de commerce et d'alliance avec Ras-Ali. Ce traité, en due forme, fut expédié à Londres en avril 1850 et reçut en temps utile les ratifications d'usage.

Mais la souveraineté de Ras-Ali touchait à son terme.

Le futur Théodoros, qui n'était encore alors que Kassaï, *deggiac* ou gouverneur de la province du Kouara, exerçait son armée aux combats contre les tribus arabes du Sennaar.

Lorsqu'il se sentit assez fort, il attaqua, battit et tua successivement Goshu, *deggiac* du Godjam, Ras-Ali lui-même, malgré le concours que celui-ci avait reçu des deux Anglais ses hôtes, Plowden et Bell ; et, enfin, Oubié, chef du Tigré, blessé et fait prisonnier, le 10 février 1855, à la bataille rangée de Deraskié.

Le 12 février, l'*abouna* ou évêque copte Salama, couronnait Kassaï empereur, sous le nom de Théodoros, roi des rois d'Ethiopie. Ce monarque disposait alors d'une armée dévouée de 60,000 hommes. Suivant la coutume abyssine, quand un chef est battu ou fait prisonnier, ses partisans passent dans le camp du vainqueur. Se conformant à cet usage, les deux Anglais qui suivaient Ras-Ali, avaient, après la défaite de ce dernier, pris le parti de Théodoros, Plowden conservant son titre de consul britannique.

Celui-ci, en mars 1860, se rendait à Massaouah, avec l'intention de faire un voyage en Angleterre, lorsque, — surpris en route par un partisan de Négousié, parent d'Oubié qui guerroyait encore dans le Tigré — il fut blessé et fait prisonnier. Théodoros s'empressa de payer pour lui une rançon de 1,000 thalers et le fit ramener à Gondar, où Plowden mourut de ses blessures au bout de quelques jours.

La saison des pluies empêcha Théodoros de tirer de Négousié une vengeance immédiate, mais six mois après, il envahit le Tigré, et en janvier 1861 eut lieu une rencontre sanglante dans laquelle périt John Bell. En revanche, Théodoros, victorieux, fit égorger Négousié, ses chefs, et la plupart de ses partisans.

L'Angleterre accrédita aussitôt en Abyssinie pour remplacer Walter Plowden, comme consul, le capitaine Charles Duncan Cameron, qui arriva en février 1862 à Massaouah, sa résidence officielle. Il se rendit à Gondar et remit à Théodoros une lettre de lord

Russell remerciant le roi des rois d'Éthiopie, au nom de la reine d'Angleterre, des soins qu'il avait donnés à Plowden, et le priant d'accepter, comme témoignage de reconnaissance, une carabine et une paire de pistolets.

Quoique le présent fût maigre, le consul fut bien reçu et demanda aussitôt à Théodoros la confirmation du traité conclu douze années auparavant avec Ras-Ali.

Sans refuser positivement, le négus ajourna sa décision et remit au capitaine Cameron une lettre pour la reine Victoria, réclamant un sauf-conduit pour les ambassadeurs qu'il se proposait d'envoyer en Angleterre.

Cette lettre fut la cause initiale des dissentiments qui devaient bientôt éclater entre Théodoros et les Anglais.

On cite toujours le *Foreign-Office* comme un parfait modèle de science diplomatique et de sagesse; cependant, comme dans toutes les bureaucraties, on y commet des négligences et des fautes.

Ce qui va suivre en est une preuve.

La lettre de Théodoros alla de Massaouah à Aden, et de là dans l'Inde, d'où elle revint à Londres. Le *Foreign-Office* la renvoya, on ne sait pourquoi, à l'*India-Office*, et ce dernier bureau, n'y comprenant rien, la laissa sans réponse.

Le désir du négus était que le capitaine Cameron, s'il ne pouvait porter la lettre du monarque en Angleterre, en attendît du moins la réponse à Massaouah. Au lieu de cela, le consul, chargé par son gouvernement d'une enquête sur la culture du coton et les besoins commerciaux du pays des Bogos, fit un voyage de plusieurs mois dans cette contrée, à Kassala et à Ghedaref.

Près de cette dernière ville, Théodoros avait été battu par les Turcs d'Égypte et leur en gardait rancune. Avisé du voyage du capitaine Cameron chez ses ennemis, il en fut fort irrité, surtout lorsque le consul se présenta devant lui sans rapporter de réponse à sa lettre.

En juillet 1863, il le fit enchaîner avec les gens de sa suite, ainsi que deux missionnaires allemands, MM. Stern et Rosenthal, représentants d'une société biblique de Londres, et enfermer dans une forteresse.

Vers la fin de 1863, le gouvernement anglais fut informé de cette affaire et assez embarrassé. Le *Foreign-Office* décida d'envoyer à l'empereur d'Abyssinie une ambassade avec des présents et une lettre autographe de la reine.

Cette ambassade, composée de MM. Hormuzd Rassam, du docteur Blanc et du lieutenant Prideaux, arriva à Massaouah au mois d'août 1864.

Un courrier fut expédié au négus l'informant qu'on lui apportait une lettre de la reine, mais qu'il devait au préalable relâcher le consul britannique.

Théodoros ne répondit même pas.

M. Rassam se résigna à demander, sans conditions, l'autorisation de pénétrer dans l'intérieur. Cette fois, elle lui fut accordée, et il parvint, le

25 janvier 1865, en vue du camp du négus. Celui-ci reçut à merveille les envoyés britanniques, leur exposa ses griefs contre le capitaine Cameron, mais consentit, sur la requête de la reine, à mettre les prisonniers en liberté.

Théodoros avait fixé au 13 avril le départ définitif des Européens, lorsque, par un brusque revirement resté inexpliqué, il les retint tous, sauf un missionnaire protestant, M. Flad, porteur de lettres du négus, et chargé de ramener d'Angleterre des ouvriers et des machines pour la création d'un arsenal militaire.

Il restait en Abyssinie à la merci du monarque 61 Anglais, Français ou Allemands, dont 26 personnes appartenant aux missions de MM. Cameron et Rassam, et 35 autres Européens venus de leur gré à diverses époques avec leurs femmes et leurs enfants.

Le gouvernement britannique, de plus en plus embarrassé, demanda l'avis du colonel Merewether, résident politique d'Aden, qui se trouvait en congé en Angleterre. Nul n'était plus au courant que cet officier des affaires d'Abyssinie, dont il était l'intermédiaire obligé dans sa résidence d'Aden, et personne non plus ne connaissait mieux les difficultés du pays et les ressources dont disposait Théodoros.

Le 13 août 1866, il remettait aux ministres anglais la note suivante :

« Une expédition à main armée ne rencontrera aucun obstacle sérieux, pourvu que le gouvernement consente à l'organiser sur un pied convenable; mais à mon avis il n'y faut pas songer. La seule chose qu'il y ait à faire et que je prends la liberté de recommander est de répondre avec libéralité aux demandes que M. Flad nous apporte de la part du roi. »

M. Flad repartit en octobre porteur d'une lettre de la reine rappelant avec fermeté, mais sans menace, le respect dû aux ambassadeurs d'une nation policée.

Mais pendant ce temps la situation se modifiait rapidement en Abyssinie. La puissance de Théodoros s'affaiblissait rapidement : ses partisans l'abandonnaient l'un après l'autre; des insurrections éclataient de toutes parts, et il ne lui restait que 15,000 soldats.

Le colonel Merewether. qui jusqu'alors avait été si prudent, ne fut plus d'avis de poursuivre les relations diplomatiques et jugea qu'il ne servirait à rien de faire entrer en Abyssinie les ouvriers qui étaient arrivés d'Angleterre, et qui attendaient à Massaouah le moment propice pour se rendre auprès de Théodoros.

Le 4 mars 1867, le colonel Merewether adressait d'Aden à lord Stanley la dépêche suivante :

« L'empereur n'élargira pas Rassam et ses compagnons à moins d'y être contraint. Telle est l'opinion des captifs eux-mêmes et de tous ceux qui connaissent Théodoros. Il veut avoir un plus grand nombre d'Européens en son pouvoir afin de peser

davantage sur le gouvernement anglais et d'en obtenir tout ce qu'il lui plaira de demander. S'il en
avait l'occasion, il mettrait en prison une ambassade
de première classe sans le moindre scrupule. La vérité est qu'il est dans une situation désespérée ; ses
ennemis le circonviennent, son pouvoir décroît chaque jour, et sa santé est détruite par une maladie
syphilitique invétérée. Politiquement et physique-
ment, il ne peut durer longtemps ; si la saison était
favorable, ce serait le moment d'exécuter une attaque
prompte et vigoureuse. Tout est en notre faveur ; le
pays est fatigué de ce tyran capricieux. Si le peuple
était dégoûté de lui depuis quelque temps, il l'est
dix fois plus encore depuis l'incendie des églises de
Gondar. Cet acte a porté atteinte au respect supers-
titieux qu'il inspirait jadis. En proclamant que nous
ne venons que pour punir ce tyran, pour le détrô-
ner, pour mettre en liberté les sujets britanniques
qu'il garde en captivité, et que nous nous retirerons
dès que ce devoir sera accompli, en laissant la contrée s'organiser comme il lui conviendra, nous pou-
vons être certains que tout individu sera prêt, corps
et âme, à nous assister. La saison étant trop avancée, il n'y a pas autre chose à faire que d'attendre
les événements et de se mettre en mesure d'agir.
M. Massajah, vicaire apostolique des Gallas, vieil-
lard très intelligent qui a vécu vingt-cinq ans en
Abyssinie ou dans les contrées limitrophes et qui
connaît bien Théodoros, m'a déclaré qu'il était convaincu que ce monarque garderait les captifs avec

soin jusqu'au bout comme sa dernière ressource. Je lui ai demandé si Théodoros ne les ferait pas massacrer ou ne les massacrerait pas de sa propre main lorsqu'il se verra bloqué dans Magdala. Il m'a répondu qu'il ne le pensait pas ; que, si Théodoros en donnait l'ordre, il ne serait pas obéi, et que, s'il essayait de le faire lui-même, il serait tué auparavant. Nous avons beaucoup d'amis dans Magdala, a-t-il ajouté. »

Le 20 avril, le chef du *Foreign-Office* répondait :

« Jusqu'à ce moment, le gouvernement de Sa Majesté avait voulu croire que les intentions du roi Théodoros étaient pacifiques, et, quoique exprimées sous des formes inusitées en Europe, qu'elles avaient pour base le désir d'introduire en Abyssinie la civilisation éclairée des autres nations chrétiennes ; mais le roi ayant oublié que la personne d'un ambassadeur est sacrée, et retenant dans les chaînes M. Rassam, que Sa Majesté avait chargé d'une mission auprès de lui, nous pensons que ce souverain n'a pas des intentions pacifiques, et que le projet d'entretenir des relations amicales avec lui doit être abandonné. »

En conséquence, le colonel Merewether fit parvenir à Théodoros une dernière sommation d'avoir à mettre les prisonniers en liberté dans un délai de trois mois, — sommation qui resta sans réponse et sans effet.

Le cabinet anglais commença aussitôt ses préparatifs militaires.

L'entreprise n'était pas aisée. Sans doute le négus, n'ayant plus que quelques milliers de soldats, était un adversaire peu redoutable : la moindre troupe européenne en fût venue à bout. Mais il ne s'agissait pas seulement d'envoyer deux ou trois navires sur la côte et de débarquer quelques compagnies de matelots ou de fantassins. Il fallait conduire une armée jusqu'à la forteresse de Magdala, où étaient les prisonniers, — au centre des montagnes du massif éthiopien, à 550 kilomètres environ du littoral.

Après une reconnaissance préliminaire que dirigea le colonel Merewether, la baie d'Annesley fut choisie comme lieu de débarquement. Il n'y a plus, en cet endroit, à la place de la florissante Adulis, qu'un misérable village que les indigènes appellent Zullah, au bord d'une petite rivière, le Haddas, dont le lit est à sec une grande partie de l'année.

L'armée expéditionnaire d'Abyssinie, composée de troupes de l'Inde et organisée à Bombay, avait un contingent de 12,000 hommes, 8,000 Hindous et 4,000 Européens, sous le commandement de sir Robert Napier. La question des transports étant la plus importante, des officiers s'étaient procuré en Syrie, en Égypte, en Espagne, 12,000 mulets; quarante-quatre éléphants et quelques chameaux furent, en outre, amenés de Bombay.

Le 3 octobre 1867, l'avant-garde, sous les ordres du colonel Merewether, débarquait dans la baie d'Annesley. Les navires ne pouvant approcher qu'à un kilomètre de la plage, une estacade de plusieurs

centaines de mètres de long fut construite pour faciliter les déchargements. La cavalerie et la plupart
des bêtes de somme furent envoyées à Koumaïli, à
deux ou trois heures de marche de la côte et presque
au pied des montagnes, où des sources abondantes
avaient été découvertes.

En partant de Koumaïli, on a devant soi un sen-
tier tracé dans le lit d'un torrent desséché; puis, en
suivant une étroite vallée dont les flancs sont per-
pendiculaires, on arrive par un chemin encombré de
blocs erratiques à une petite plaine où la végétation
des zones tempérées apparaît déjà; l'eau devient
moins rare, le soleil moins brûlant à mesure que le
terrain s'élève; un nouveau défilé se présente, et
enfin, après un parcours de 80 kilomètres, on débouche à 2,200 mètres au-dessus du niveau de la
mer, sur le plateau de Sénafé. C'est là que la brigade
d'avant-garde vint s'établir dans les premiers jours
de décembre. La température y était délicieuse, le
thermomètre variant de 16 à 24 degrés; la chaleur
du soleil était tempérée par une légère brise de mer,
les nuits étaient claires et fraîches. La troupe trou-
vait.des vivres frais en abondance.

Vers la fin de l'année la majeure partie des troupes
anglaises était campée dans un pays sain et tra-
vaillait à améliorer la route qui monte de Zullah à
Sénafé, de façon à la rendre praticable aux voitures.
Le colonel Merewether s'était avancé jusqu'à Addigrat, à 50 kilomètres plus loin que Sénafé. Tout était
prêt pour la marche en avant lorsque le général en

chef, accompagné des derniers renforts, arriva à Zullah, le 3 janvier 1868, et à Sénafé le 29 janvier.

Durant tout le mois de janvier, les corps de troupes avaient travaillé sans relâche à la route, si bien que les voitures arrivaient maintenant en haut du plateau.

La première brigade campait le 2 février auprès d'Addigrat, et l'avant-garde arrivait le 20 février à Antalo, à moitié chemin de Magdala, sans avoir vu un ennemi ni brûlé une cartouche. On avait profité de la lenteur de la marche, pour améliorer la route, et la rendre praticable à l'artillerie.

D'Antalo à Magdala par le lac Achangi la route franchit plusieurs chaînes de montagnes d'origine volcanique, coupe la vallée du Takazzé, remonte sur les plateaux de Wadela et de Talanta, présentant deux obstacles considérables, la traversée des ravins de Djidda et de Bachilo, ce dernier au pied des murs de Magdala.

Le 12 mars, la première brigade avait quitté Antalo; le 18, elle arrivait sur les bords du lac Achangi, et le 4 avril, elle campait au bord de la Djidda. Il eut fallu beaucoup de temps et de travail pour ouvrir une route sur les flancs de cette crevasse si l'armée anglaise n'en avait trouvé une en fort bon état par laquelle Théodoros avait fait passer ses canons quinze jours auparavant et qu'il avait oublié de détruire. Le négus, parti de Debra-Tabor au commencement d'octobre, venait d'entrer à Magdala le 29 mars, ne précédant ses ennemis que de quelques étapes. Les Anglais traversèrent sur ses traces le plateau de Talanta, et enfin, le 9 avril 1868, ils campaient en haut du ravin de Bachilo, en face de la fameuse *Amba* de Magdala.

Au centre d'une plaine basaltique, à 3,000 mètres au-dessus du niveau de la mer, se dressent à la file trois ou quatre pics isolés que des précipices de 1,000 mètres de profondeur séparent à droite et à gauche du pays d'alentour. Le Bachilo coule devant ces hauteurs, abordables seulement d'un côté. Sur l'un de ces pics s'élèvent les remparts de Magdala; sur un pic voisin, que l'on appelle le Selassié, il n'y a qu'une église; entre les deux et à un niveau un peu inférieur s'étend le petit plateau de Selagmi, où l'armée de Théodoros était campée. Cette position est très forte, et ne serait, à coup sûr, jamais emportée d'assaut, si elle était défendue par des troupes européennes.

Le vendredi saint, 10 avril 1868, l'avant-garde anglaise descendait de grand matin du plateau de Talanta au fond du ravin de Bachilo, remontait l'autre côté de la vallée et prenait position sur les pentes du Selassié. A quatre heures du soir, tout était encore calme et silencieux sur les crêtes de Magdala et de Selagmi. Les troupes anglaises, infanterie et artillerie, s'échelonnaient sur les deux flancs du ravin. Un coup de canon retentit soudain du haut de la montagne, et six mille hommes, l'élite des troupes de Théodoros, apparaissant au sommet, se jetèrent avec impétuosité sur les 1,600 Anglais qui se trouvaient en ligne. Ceux-ci, outre le sang-froid et la discipline d'une troupe européenne, avaient entre les mains la terrible carabine Snider, l'arme nouvelle de leur infanterie, qui parut ce jour-là pour la première fois sur le champ de bataille, et coucha sur le sol 800 morts et 1,500 blessés grièvement.

Les Anglais n'eurent que 20 blessés. Un violent orage et la nuit qui arriva peu après mirent fin au combat. Les soldats de sir Robert Napier couchèrent sur le champ de bataille.

A minuit, Théodoros fit appeler M. Rassam et M. Flad, et les pria de s'interposer entre lui et leurs compatriotes. Le samedi matin, le lieutenant Prideaux et M. Flad, accompagnés d'un chef abyssin, se présentèrent en effet devant sir Robert Napier, demandant la paix au nom du négus. Le général en chef posa ces trois conditions préalables : libération immédiate de tous les prisonniers européens, ouverture des portes de Magdala, reddition de Théodoros à merci.

Le négus renvoya le soir même les Européns, avec l'espérance qu'ils intercéderaient pour lui. Le lendemain, jour de Pâques, il envoya au camp anglais 1,000 vaches et 500 moutons, pour que l'armée pût célébrer dignement cette grande fête. Sir Robert Napier refusa ces présents, et le lundi matin envoya un régiment sur le Selagmi.

Les derniers soldats de Théodoros s'étaient débandés ; il ne lui restait que seize fidèles avec lesquels il s'enferma dans la forteresse. A deux heures de l'après-midi, l'artillerie était mise en batterie devant les murs de Magdala ; à quatre heures, une colonne s'élançait à l'assaut et pénétrait dans la place. Dès qu'il vit le premier soldat anglais franchir la muraille, le négus mit dans sa bouche le canon d'un pistolet et se tua.

La guerre était terminée.

Le 17 avril, on fit sortir de Magdala les habitants et les soldats désarmés qui s'y étaient refugiés, puis on fit sauter les murailles, et les édifices furent livrés aux flammes. Les éléphants et la grosse artillerie étaient déjà partis en avant ; le reste de l'armée repassait le 18 le Bachilo pour revenir à la côte. Il fallait se hâter, les pluies rendaient déjà les chemins presque impraticables. Sir Robert Napier arrivait à Antalo le 13 mai, à Addigrat le 21, et se retrouvait sur les bords de la mer Rouge aux premiers jours de juin. Les troupes étaient embarquées à mesure qu'elles descendaient des hauteurs de Sénafé. Bientôt il ne restait plus en Abyssinie qu'un ou deux régiments hindous que l'on avait résolu de laisser quelque temps à Zullah pour observer les événements.

CHAPITRE VI

Les premières relations de la France avec l'Abyssinie datent du voyage de Poncet, à la fin du XVIIe siècle.

Nous avons vu que, depuis lors, les Français avaient été au premier rang parmi les voyageurs qui ont parcouru l'Éthiopie.

Ces explorations ne tardèrent pas à être suivies de vues politiques, d'abord modestes et hésitantes.

C'est ainsi qu'en 1856, Monge, vice-consul à Zeilah, acheta Ambabo, simple hameau du golfe de Tadjourah, où l'on trouve de l'eau douce en assez grande quantité.

Nous avons vu que lorsque Théodoros aspira à ceindre la couronne impériale d'Éthiopie, il vainquit successivement tous ses rivaux, au nombre desquels était Oubié, deggiac du Tigré, qui fut fait prisonnier à la bataille de Deraskié le 10 février 1855.

Nous avons vu également qu'un parent d'Oubié, du nom de Négousié, avait aussitôt levé l'étendard de la révolte dans le Tigré. Il protégeait les missionnaires catholiques que Théodoros avait bannis de son empire. Cela acquit les sympathies du gouvernement français à Négousié. Celui-ci offrit de céder à la France la baie d'Annesley, (y compris Zoulah, les îles Ouda et Dessi), qui pouvait devenir le centre d'une colonie. Un bâtiment de notre marine fut même envoyé dans ces parages pour en faire la reconnaissance au mois de décembre 1859 ; mais l'officier qui commandait cette mission trouva l'intérieur de la contrée dans un tel état d'anarchie que tout projet d'établissement sur la côte fut ajourné.

Il était pourtant intéressant d'avoir un établissement dans ces parages. Les Anglais venaient de s'emparer de Périm (1857) et y construisaient un nouveau Gibraltar, afin de fermer l'entrée de la mer Rouge. Nous avions alors à Aden pour agent consulaire un homme énergique, très au courant des menées anglaises et fort capable de les déjouer. M. Henri Lambert résolut, avec l'autorisation du gouvernement, d'acheter un territoire au débouché de la mer Rouge, afin d'y créer un port, qui deviendrait à la fois une position stratégique et un centre commercial. Son choix s'arrêta sur Obock, au sud du détroit de Bab-el-Mandeb, dans ce même golfe de Tadjourah où le vice-consul Monge avait déjà acquis Ambabo.

Obock appartenait à un roitelet des Somâlis, Abou-Becker, sultan de Zeilah. Les Anglais, qui se doutaient des projets de Lambert, avaient écrit à Abou-Becker de ne pas lui accorder sa protection. Lambert, prévenu, n'eut pas de peine à démontrer au sultan que les Anglais redoutaient l'influence française et qu'il avait par conséquent tout intérêt à devenir notre allié. Abou-Becker, convaincu, vendit à notre agent, pour une cinquantaine de mille francs, la ville et le territoire d'Obock.

Lambert n'eut pas la satisfaction de prendre possession de la nouvelle colonie que son habile diplomatie venait d'acquérir à la France. Le 4 juin 1859, il était assassiné par d'obscurs Arabes qui jetaient son cadavre à la mer.

La concession du port d'Obock et de son territoire à la France fut ratifiée par un traité du 11 mars 1862, mais ce fut seulement en juin 1863 que MM. Goldtammer et Capitaine y plantèrent le drapeau français. L'année suivante, l'aviso de la marine impériale le *Surcouf*, commandé par M. Salmon, exécutait avec le plus grand soin l'hydrographie du port et relevait la côte voisine.

Les Anglais craignirent que la France ne fondât dans ces parages un grand établissement susceptible de s'étendre le long de la mer Rouge. Ils se dirent que le gouvernement actif et ambitieux du vice-roi d'Égypte saurait mieux garder cette côte contre des entreprises étrangères que le sultan de Constantinople. C'est pourquoi, en 1866, à l'instigation de sir Henry Bulwer, ambassadeur d'Angleterre en Turquie, la Porte concéda au Khédive tout le littoral africain de la mer Rouge. Cette cession donnait le port de Massaouah aux Égyptiens, qui s'empressèrent d'y mettre une garnison considérable.

On sait quels événements européens détournèrent momentanément l'attention de la France des choses d'Afrique.

En 1872, un négociant, M. Pierre Arnoux, résolut de nouer des relations avec le Choa et reconnut l'importance d'Obock. Quelques années plus tard, il signa un traité avec l'empereur Ménélick, qui avait été reconnu souverain du Choa après la chute de Théodoros. En vertu de ce traité une route devait partir d'Obock dans la direction de l'Afrique centrale. Le gouvernement français ne fit rien pour encourager ces initiatives privées. Bien au contraire, — et il n'est pas inutile de reproduire ici la curieuse note suivante parue à ce sujet dans le *Journal officiel* du 25 décembre 1880 :

« Le traité du 11 mars 1862 portant cession d'Obock à la France, ne contient aucune indication sur le périmètre de notre possession, et, de plus, nous n'avons rien fait jusqu'ici pour assurer notre souveraineté sur cette contrée. Il serait donc impossible d'indiquer le sol susceptible d'être cédé, et, encore moins, de le délimiter. Dans ces conditions, le département de la marine ne saurait faire de concessions. Il ne peut que laisser aux personnes qui tenteraient de fonder un établissement à Obock toute la responsabilité du choix de l'emplacement à occuper par elles, sous la réserve que cette occupation essentiellement précaire et révocable devra cesser à la première réquisition. Il est bien entendu, d'ailleurs, qu'aucune indemnité ne serait due aux intéressés en cas de déplacement pour cause d'utilité publique ou d'intérêt militaire. »

C'est seulement en 1883 que la France prit officiellement possession de la colonie. Depuis cette époque, divers traités nous ont donné les territoires de Tadjourah, d'Ambabo, de Sagallo, Gubbet-Karab et étendu notre protectorat.

Nous avons d'ailleurs conservé tous nos droits et pourrons les faire valoir à l'occasion, sur la baie d'Adulis, avec Zoulah et les îles Ouda et Dessi, sur Amphilla et sa baie, sur Edd et sa baie. Je ne parle pas de Cheik-Saïd, qui est sur la rive arabique du détroit de Bab-el-Mandeb.

Au mois de mars 1888 a été ouvert, sur la rive méridionale de la baie de Tadjourah, en face Obock, le port de Djiboutil.

C'est l'année suivante, le 17 février 1889, qu'eût lieu le déplorable épisode du bombardement de Sagallo, où MM. Floquet et Goblet, pour complaire à M. Crispi, eurent le triste courage d'employer les navires de l'amiral Olry à tirer à obus sur l'expédition religieuse du cosaque Achinoff, massacrant inutilement des femmes et des enfants (1).

_____

(1) Voir tous les détails de ces événements dans un instructif volume du vicomte de Constantin : *L'Archimandrite Païsi et l'Ataman Achinoff.*

4

En dépit du long oubli dans lequel l'a laissée le gouvernement français, et des toutes les fautes commises depuis, notre colonie d'Obock est devenue par sa situation même, l'un des points les plus importants de notre réseau de possessions extérieures. Elle commande d'un côté le détroit de Bab-el-Mandeb, et par conséquent les communications entre la mer Rouge et l'Océan Indien ; — de l'autre, elle constitue une excellente porte d'entrée et de sortie pour l'Abyssinie et les régions voisines de l'Afrique orientale et centrale.

Grâce à notre établissement d'Obock nous avons pu entretenir des relations amicales et commerciales avec Ménélick, et acquérir auprès de ce monarque une influence dont les conséquences peuvent être un jour de la plus haute importance pour les intérêts français en Afrique, et peut-être même pour notre politique générale.

CHAPITRE VII

Les premières relations des Italiens avec l'Abyssinie datent du gouvernement sarde.

En janvier 1850, Cristoforo Negri, directeur des consulats et du commerce au ministère piémontais des affaires étrangères, écrivit à Mgr Massajah (qui se trouvait chez les Éthiopiens et dont nous avons déjà parlé à propos de l'expédition anglaise), une lettre lui faisant part du désir du gouvernement « de pouvoir conclure des traités d'amitié, de navigation et de commerce, si possible avec les divers princes d'Abyssinie, ou au moins avec le prince le plus puissant de ce pays. » Il le priait, en conséquence, de lui fournir les meilleurs renseignements et conseils à ce sujet.

Après plus d'un an, Mgr Massajah répondit qu'il avait reçu la lettre de Negri, à Lagamara-Gemona, chez les Gallas, et lui conseillait de s'adresser au

P. Léon des Avanchers, sujet piémontais (Savoyard) et capucin comme lui-même.

En effet, le P. L. des Avanchers, prévenu par Mgr Massajah, écrivit à son tour, le 12 février 1859, au comte de Cavour, lui disant qu'il s'était rendu au camp de Négousié, roi du Tigré, pour lui proposer le traité dont M. Negri avait envoyé le projet, et que Négousié avait accepté. Il y avait, de cette acceptation, un document authentique : une lettre envoyée par le roi du Tigré à Victor-Emmanuel et que le P. des Avanchers transmettait au gouvernement piémontais.

Ce que nous avons déjà dit de Négousié explique son empressement. Il tenait le Tigré contre Théodoros, et cherchait des secours : aussi en demandait-il à Victor-Emmanuel.

Dans cette même lettre du 12 février 1859, le P. des Avanchers disait à Cavour :

« 1° L'Abyssinie, après l'ouverture de l'isthme de Suez, offrira de grands intérêts au commerce européen, et le pays est des plus intéressants, soit par le climat et par la population, soit par les grands avantages qu'il offrirait à la fondation d'une colonie italienne, comme le gouvernement de S. M. l'a en vue.

« 2° Le roi Négousié ne refuserait pas de céder une province de ses États près du littoral de la mer Rouge et du port d'Andada (1), en compensation

---

(1) Andada est un cap à mi-chemin environ entre la

d'un secours de troupes, ou aussi en échange d'un certain nombre de fusils et de canons. »

Le P. des Avanchers ajoutait : « Cela mérite l'attention du Gouvernement de S. M., — et si le Gouvernement de S. M. a des vues ultérieures sur ce
pays, je prendrai la liberté de recommander à Votre
Excellence, M. Antonio Rizzo qui a une grande influence sur tous les puissants personnages de ce
pays, et qui, doué comme il est de beaucoup de tact,
de prudence et de dévouement au Gouvernement de
S. M., se ferait un vrai plaisir de lui être utile. »

A la suite de ces suggestions, le comte de Cavour,
le 21 mars 1859, écrivit à Antonio Rizzo, « à l'île de
Massaouah, près Arkiko » :

« La marine commerciale sarde commence à fré-
quenter les mers indo-chinoises, et l'on peut nourrir
l'espoir qu'elle en fera autant sur les côtes orientales
de l'Afrique.

« Dans cet espoir, et étant donné, en outre, la
présence en Abyssinie et dans le pays des Gallas
d'assez nombreux sujets sardes, qui y séjournent en
qualité de missionnaires apostoliques, le gouvernement du roi pourrait trouver convenable d'ériger un
consulat sur quelque point important de la côte
abyssine, par exemple à Arkiko. Et le gouvernement royal ayant été informé que vous résidiez jus-

---

baie de Zoulah et celle d'Amphila, par 15° de lat. nord.
Au couchant du cap s'ouvre une petite baie.

tement à Arkiko, ou dans les environs, et que vous
jouissiez d'une influence et d'une estime méritée auprès du prince local, je vous invite à vouloir m'indiquer :

« S'il y a dans ces régions, outre les susdits missionnaires, d'autres sujets sardes.

« Si la tranquillité paraît suffisamment établie et
assurée et si le trafic prend du développement.

« Si la nomination de consul royal *ad honorem* vous
serait agréable.

« Si et à quel prince on aurait à envoyer la patente
consulaire, et si celle-ci, à votre avis, serait indubi-
tablement reconnue, malgré le défaut de relations
antécédentes entre la Sardaigne et l'Abyssinie, etc.,
etc. » (1).

Mais avant que Rizzo eût eu le temps de répondre,
le P. des Avanchers adressa au comte de Cavour
une autre lettre renfermant plusieurs informations
intéressantes. Du camp de Négousié, chef du Tigré,
il était passé à celui du négus Théodoros (sur le lac
Tzana dans le Godjam), pour lui proposer le même
traité sardo-abyssin. Voici ce qu'il écrivait :

· « Le roi Théodoros serait très content de contrac-
ter alliance avec un gouvernement européen ; mais
il ne veut pas entendre parler de liberté religieuse.

« Le roi Théodoros a des idées tout européennes ;

----

(1) Tous ces documents figurent dans les divers *Livres
Verts* italiens.

c'est certainement un homme très capable et le seul digne de gouverner; il a déjà fait des réformes très importantes dans ce pays, et se propose d'en faire de plus grandes; il désire ardemment avoir des officiers européens à son service, des ouvriers, etc. Il a une armée de 60,000 hommes; c'est un homme d'un grand courage et qui a des talents militaires.

« Après avoir dompté les Wollo-Gallas, qu'il a juré d'exterminer parce qu'ils sont musulmans, ce qu'il a fait en partie, et après avoir soumis les Gallas, il portera la guerre dans la province du Tigré pour vaincre Négousié qui, probablement, ne pourra résister à des forces supérieures.

« Le roi Théodoros a près de lui un consul anglais qui soutient sa politique.

« Le gouvernement anglais désire la reconstitution de l'empire abyssin dans le but, *au cas où la France prendrait l'Égypte*, de pouvoir combattre plus facilement et défendre les Indes.

« Négousié, au contraire, est ami des missions et, pour se maintenir au pouvoir, est prêt à faire les plus grands sacrifices.

Le P. des Avanchers ajoutait : « Si le gouvernement de S. M. a d'autres vues sur ce pays, il doit prendre le parti de Negousié, qui paiera largement tout secours en hommes et en armes : s'il s'agit simplement de vues commerciales, il faut attendre que la question du pouvoir soit tranchée par les armes. Dans le premier cas, il faut agir promptement et envoyer un fondé de pouvoirs. »

Pendant ce temps, Antonio Rizzo, qui avait reçu le 15 septembre la lettre de Cavour du 21 mars, envoyait d'Asmara, le 9 octobre, un long rapport dont nous donnons quelques passages :

« La tranquillité de l'Abyssinie sera éphémère, à moins qu'un gouvernement européen n'apporte l'influence de sa force et de sa civilisation.

« Négousié, neveu de l'ex-roi du Tigré Oubié, malgré le grand pouvoir de l'empereur Théodoros, a repris de force, en bataillant continuellement depuis un peu plus de trois ans, tous les États de son oncle. C'est le seul prince abyssin qui désire entrer en relations avec quelque État européen pour rétablir avec son aide l'antique splendeur de l'empire éthiopien.

« Dans ce but, il était disposé à faire un traité d'amitié et de commerce avec le gouvernement de S. M. et envoya la lettre écrite en langue amharique dont j'ai eu l'honneur de faire la traduction. Le prince Négousié est impatient de recevoir une réponse du gouvernement royal.

« Négousié, si le gouvernement de S. M. voulait lui expédier un bataillon de bersagliers, avec l'aide desquels il pût débander et détruire l'armée de l'empereur Théodoros, céderait facilement une province au gouvernement de S. M., chose très propice à l'établissement d'une colonie italienne dans cette contrée, principalement à cause de l'ouverture de l'isthme de Suez.

« Je fais observer, en outre, à Votre Excellence

que la province la plus propre à une colonie est l'Hamasen, qui est presque toute en plaine et possède une immense quantité de terrains très fertiles. Malgré une population d'environ 300,000 âmes, tous les ans, les quatre cinquièmes des terres restent incultes pour la pâture des troupeaux.

« L'Hamasen, par son climat, est propre à toute culture; il a beaucoup d'eau, beaucoup de mines de fer et de nitrates, sans parler des richesses minérales que peut encore cacher son sol.

« La résidence du consulat en Abyssinie devrait être pour le moment à Asmara. C'est une ville de l'Hamasen, d'environ 3,000 habitants, située à 20 lieues de Massaouah. Cette ville m'a été cédée avec son territoire, avec franchise de toute taxe, par Négousié, en échange de quelques cadeaux que je lui ai faits; j'y prélève un tribut à mon bénéfice, sans être tenu à aucun remboursement, sauf quelques petits cadeaux de temps en temps pour conserver la sympathie du prince.

« Cette ville est ma résidence ordinaire, quoique je passe presque la moitié de l'année au camp du roi qui, étant continuellement en guerre, n'a pas de demeure fixe. »

Dans une autre lettre à Cavour, Rizzo narre la lutte d'influence entre la France et l'Angleterre en Abyssinie; il exhorte le gouvernement sarde « à préparer habilement le terrain pour occuper ensuite, au moment opportun, sur la mer Rouge, un point nécessaire à la protection de son commerce. C'est ce qu'a fait l'Angleterre, et la France cherche à en faire autant; c'est la raison des grandes relations qu'elle voudrait lier avec Négousié. Seule l'Italie peut actuellement prendre sur ces pays l'ascendant que les autres n'ont pas. »

Mais les avis du P. des Avanchers et les événements survenus en 1859 dans la péninsule empêchèrent de donner suite à ces projets.

Négousié, qui avait compté vainement sur l'aide du gouvernement sarde, se tourna vers la France et lui offrit même le protectorat (Mgr Massajah raconte être allé en France dans ce but). Mais Théodoros vainquit Négousié et le tua, et l'influence anglaise prévalut.

A la chute de Négousié, Rizzo essaya de sauver son patrimoine; mais il fut dépouillé, frappé et incarcéré; sa pauvre femme, maltraitée et battue aussi, avorta sous un arbre; enfin, après maintes souffrances, une longue prison et le paiement d'une rançon, les deux époux purent gagner Palerme (1).

Ce n'est que dix ans après, à la suite de l'expédition anglaise contre Théodoros, que les regards des Italiens se portèrent de nouveau vers l'Abyssinie.

En octobre 1869, le professeur Joseph Sapeto, qui

---

(1) En 1883, Mancini envoya Rizzo à Assab comme officier de port, officier postal et agent de la Navigation générale. Il y passa deux ans, et à la veille de prendre un congé, mourut de fièvre violente.

avait fait un long séjour chez les Danakils et les Somalis, dans un rapport au général Menabrea, alors
président du conseil et ministre des affaires étrangères, insistait sur la nécessité pour l'Italie d'avoir
un port dans la mer Rouge. Autorisé par le gouvernement italien et assisté du vice-amiral Acton, en novembre 1869, Sapeto traita avec le sultan Berehan,
indépendant de la Porte et de l'Égypte, pour l'acquisition de la baie d'Assab et de l'île de Darmakié.

Le paiement de la somme, fournie par le gouvernement (47,000 francs), fut ensuite exécuté par Rubattino, qui, le 11 mars 1870, sur des pieux solide-
ment plantés aux extrémités Nord et Sud du territoire
acquis, cloua deux écriteaux portant ces mots : *Propriété Rubattino, achetée le 11 mars* 1870.

Nino Bixio, félicitant le gouvernement de cette
heureuse inspiration, demandait, en 1871, s'il ne
serait pas opportun d'occuper Assab militairement,
pour garantir les personnes et les biens de ceux qui
s'y établiraient. M. Bixio ajoutait qu'ayant parlé de
cela avec le général Ricotti, alors ministre de la
guerre, celui-ci avait répondu qu'évidemment la chose
devrait être discutée en conseil des ministres, mais,
que quant à lui, il n'y serait pas opposé, trouvant
même que « l'Italie devait se lancer dans cette voie ».

Mais le conseil des ministres se maintint dans la
réserve la plus absolue, que lui conseillaient les contestations nées entre l'Italie et le gouvernement
égyptien, aussitôt après la prise de possession d'Assab, et qui étaient très vives au printemps de 1871.

Comme il résulte du *Livre Vert* présenté à la Chambre des députés le 12 juin 1882 par le ministre Mancini, depuis le 1er juin 1870, le gouvernement égyptien avait protesté contre cette occupation arbitraire, et avait invité le gouvernement italien à évacuer Assab dans le plus bref délai possible.

Le gouvernement italien contesta les droits allégués par l'Égypte, et déclara fermement qu'ayant acquis la conviction qu'Assab n'était soumis ni à la souveraineté du sultan, ni à l'Administration du khédive, il avait su « au moment opportun agir avec des moyens appropriés aux circonstances ». Mais en même temps il évita de « donner une assiette pratique et définitive » à l'établissement d'Assab, et se borna à conseiller à la Compagnie Rubattino d'accroître ses services maritimes vers l'Extrême-Orient.

Cet état de choses dura sans changement pendant plusieurs années, jusqu'à ce que, dans les derniers mois de 1879, sous l'administration de Cairoli, le gouvernement égyptien crut s'apercevoir que les Italiens voulaient compléter l'œuvre interrompue en 1871 ; le gouvernement anglais protesta également, jusqu'à ce que Cairoli, pour ôter à cette occupation toute apparence militaire, eut déclaré à l'ambassadeur d'Angleterre que le cuirassé *Varese* avait été remplacé, comme stationnaire à Assab, par un simple aviso, l'*Esploratore*.

Mais les protestations égyptiennes et anglaises continuaient sans interruption, et toutes les fois qu'à Assab les Italiens commençaient le plus petit établissement, arrivaient de Londres et du Caire des demandes impérieuses d'éclaircissements. Le *Livre Vert* est plein de ces dépèches auxquelles le gouvernement italien répondait toujours en relevant l'*intention purement commerciale* de son occupation.

Il y a lieu de tenir note encore aujourd'hui des paroles prononcées en janvier 1879 par lord Salisbury : « Certainement, s'il ne s'agit que d'une entreprise commerciale, nous la verrons avec sympathie ; mais, il nous importe qu'elle n'ait rien de politique. *La mer Rouge est notre corde sensible.* »

Après la chute du ministère Salisbury, que remplaça le cabinet Gladstone-Granville, les rapports de l'Italie avec l'Angleterre devinrent plus cordiaux ; le Quirinal en profita pour tenter d' « instituer à Assab une forme quelconque, même rudimentaire, d'administration » et, en 1881, y nomma un commissaire civil. Le gouvernement anglais en prit note purement et simplement.

Quand le cabinet Cairoli fut tombé, tandis que le nouveau ministre des affaires étrangères, Mancini, étudiait les moyens d'arriver à un *modus vivendi* avec l'Angleterre relativement à Assab, arriva la nouvelle (12 juin 1881) que M. Giulietti, secrétaire du commissaire civil d'Assab, le lieutenant Biglieri, de la marine royale, et douze marins et voyageurs italiens, partis de Beilul (75 kilomètres au nord d'Assab) pour étudier une route conduisant en Abyssinie, avaient été assaillis par les indigènes à quarante jours de distance et barbarement massacrés.

M. Mancini télégraphia au consul italien, en Égypte, afin qu'il réclamât du gouvernement égyptien une sévère enquête, et avisa simultanément le Foreige-Office que le gouvernement italien serait heureux de voir flotter à Beilul, pendant l'enquête, le pavillon anglais à côté du pavillon italien.

Le khédive se montra très marri de la catastrophe de Beilul; il se plaignit que des expéditions fussent entreprises en territoire égyptien sans l'autorisation de son gouvernement, mais assura que le possible serait fait pour que la justice eût son cours, quoiqu'il y eut de très grandes difficultés d'agir avec promptitude auprès de populations nomades.

Le gouvernement égyptien s'empressa d'ordonner à Shahim-Pacha de se rendre à Beilul pour procéder à l'enquête avec la coopération du gouverneur de Massaouah.

L'enquête, comme il était facile de le prévoir, n'eut aucun résultat pratique. Le 12 août 1881, on communiquait au ministre Mancini un télégramme des commissaires égyptiens à Beilul disant qu'aucune preuve n'avait été relevée à la charge de cette population.

Les commissaires égyptiens manifestèrent, en outre, l'intention de partir pour Raheita (au sud d'Assab), d'où, assuraient-ils, ils adresseraient à leur gouvernement un rapport détaillé, cachant ainsi la pensée de faire sur les lieux un acte de souveraineté et d'y créer un fait accompli pour modifier la situation réciproque de l'Italie et de l'Egypte.

Prévenu de ces intentions, le commandant Frigerio, qui avait sous ses ordres deux avisos, le *Rapido* et l'*Ettore Fieramosca*, déclara à Shahim-Pacha qu'il s'y opposerait par tous les moyens qui étaient en son pouvoir.

Devant les énergiques protestations de l'Italie et l'intervention anglaise, le gouvernement égyptien abandonna ses desseins sur Raheita, mais sans omettre de faire remarquer que les « prétentions de l'Italie étaient considérées par le gouvernement égyptien comme une continuelle menace pour les intérêts financiers et politiques de l'Égypte, car, si les Italiens réussisent dans leur but d'entrer en communications commerciales avec l'Abyssinie, les objets les plus importants d'importation seront probablement les fusils pour armer ce dangereux et agressif voisin. »

Aux demandes répétées d'un *modus vivendi* anglo-italien relatif à Assab, le comte Granville répondait le 14 septembre 1881 : « Si le gouvernement italien désire arriver avec l'Égypte à une convention formelle qui confirme son acquisition de territoire à Assab, à la condition que cette possession soit purement commerciale, et ne soit ni fortifiée, ni convertie en station militaire ou navale, le gouvernement de la reine pressentira le gouvernement égyptien et la Sublime Porte pour savoir s'ils sont disposés à accepter la proposition et lui donnera son appui ».

M. Mancini prépara sur ces bases un avant-projet, qui fut accepté par l'Angleterre avec quelques modi-fications. Le gouvernement khédivial déclarait, au contraire, ne pouvoir y consentir : le gouvernement égyptien était bien disposé à entrer en accord avec la Compagnie Rubattino pour lui concéder un territoire et des privilèges commerciaux, mais en se réservant la souveraineté et la juridiction. La Porte faisait la même réponse.

Le gouvernement italien, heureux de l'appui anglais, rompit les pourparlers avec ces deux gou-vernements et s'appliqua à continuer « l'œuvre de civilisation et de légitime développement économi-que entreprise à Assab. » Par un décret du 5 juillet 1882, Assab et son territoire reçurent le nom de colonie italienne.

Mais l'occupation de Massaouah, accomplie en 1885 sur les instigations de l'Angleterre, ne tarda pas à faire reléguer au second plan les préoccupa-tions relatives à Assab.

CHAPITRE VIII

LES ITALIENS A MASSAOUAH

Massaouah et Taoulaoud sont deux îlots de corail de 1,000 mètres de long sur 300 mètres de large, situés tout contre la côte africaine de la mer Rouge, au nord des baies d'Adulis et d'Arkiko.

Ce point est, depuis un temps immémorial, le seul débouché des marchandises apportées par les caravanes d'Abyssinie, du Kordofan et du Darfour. Aussi les Arabes ont-ils bâti, il y a quatre ou cinq siècles, dans l'île de Massaouah, la ville qui porte ce même nom.

Massaouah fut prise par les Turcs en 1557. Ceux-ci, sur les instances de l'Angleterre et pour des motifs que nous avons indiqués dans un précédent chapitre, la cédèrent en 1866 à l'Égypte, qui la rattacha au gouvernement général du Soudan.

Pour faciliter les transactions, l'île de Massaouah avait été reliée par une digue à l'île de Taoulaoud, et cette dernière réunie elle-même au continent par une jetée de 1,200 mètres.

Le gouverneur égyptien, Munziger-Pacha, entoura ce poste important de défenses sérieuses, qui, d'ailleurs, comme d'habitude, ne furent pas entretenues.

C'est de là qu'Ismaïl-Pacha lança sur le Tigré trois corps d'armée qui furent d'ailleurs outrageusement battus.

Le roi Jean, souverain du Tigré depuis la chute de Théodoros, engagea, en 1884, des négociations avec l'Égypte, en vue d'obtenir l'évacuation de Massaouah ou, du moins, la promesse que cette île ne tomberait pas entre les mains d'une autre puissance.

Mais les Anglais, menacés par l'expansion du mahdisme, conseillèrent, au contraire, aux Italiens de s'établir à Massaouah, sous le fallacieux prétexte de s'assurer ainsi un débouché commercial important. En réalité, le but du Foreige-Office était de faire coopérer les Italiens aux opérations du Soudan et de les faire marcher sur Kassala pour combattre les troupes d'Osman-Digma.

Le 5 févier 1885, l'amiral Caimi débarqua à Massaouah et annonça à la population que le gouvernement italien, ami de l'Angeterre, de la Turquie et de l'Égypte, lui avait donné l'ordre d'occuper cette ville. Le pavillon italien fut hissé à côté du pavillon égyptien. Quelques mois plus tard, le 22 novembre 1885, le gouverneur égyptien Izzet-Bey fut prévenu par les autorités militaires italiennes d'avoir à remettre les forts en leurs mains et à se retirer avec ses troupes. Toute résistance était impossible ; Izzet-Bey s'exécuta.

A la nouvelle de l'occupation italienne, le roi Jean fut profondément irrité; mais, reculant devant une guerre longue et coûteuse, il consentit à abandonner Massaouah aux Italiens, à la condition toutefois que ces derniers ne s'avanceraient pas dans l'intérieur pour conquérir de nouveaux territoires.

Les Italiens, bien loin de tenir le moindre compte de ces stipulations, s'empressèrent d'augmenter la garnison de Massaouah, qui fut placée sous le commandement du général Gené, successeur du colonel Saletta (novembre 1885), nouèrent des relations d'amitié avec les tribus voisines, enrôlèrent de nombreux Bachi-Bouzouks, et surtout remirent activement en état de défense les fortifications de Massaouah.

Il n'est pas sans intérêt de résumer les détails techniques que donnait, sur ces défenses, l'*Esercito Italiano* du 8 février 1887.

Dans l'île de Massaouah, le fort de mer de *Ras-Mudur*, le seul construit entièrement en maçonnerie, est placé au Sud du port et a la forme d'un vaste quadrilatère irrégulier dont un des côtés est formé par un bâtiment long et étroit servant de caserne, et dont les trois autres côtés sont constitués par des murailles basses, armées sur les fronts Nord et Nord-Est de plusieurs vieux canons égyptiens se chargeant par la bouche. Ce fort ne pourrait tenir contre une attaque du plus petit bâtiment de guerre; il n'avait d'ailleurs de raison d'être que dans le cas où il lui eût fallu tenir en respect la population révoltée de Massaouah.

A l'entrée de la digue qui unit l'île Taoulaoud à la terre ferme, a été construit le fort Taoulaoud, de forme rectangulaire. Le parapet, d'une épaisseur d'environ deux mètres au milieu, est précédé d'un fossé profond de près de trois mètres et muni d'une banquette pour deux rangs de tireurs. Sur le front principal, du côté du continent, deux plates-formes élevées aux saillants peuvent recevoir des pièces dont les feux croisés défendent la grande digue. Comme artillerie, il y a : quatre canons Krupp de 9 centimètres, en acier, se chargeant par la culasse, qui appartenaient aux Égytiens; deux canons italiens de 7 centimètres et deux mitrailleuses Nordenfelt.

Au Nord des deux îles de Massaouah et de Taoulaoud, s'allonge la petite presqu'île de Ghérar, formant ainsi, avec la série des digues et des îles, un port suffisant pour abriter les navires de guerre. Cette péninsule est reliée à la terre ferme par un isthme très étroit qui est fortifié de manière à permettre aux défenseurs de déboucher facilement sur le continent et de rendre leur position inaccessible du côté de la terre. Grâce aux deux bras de mer qui l'entourent au Nord et au Sud, les navires de guerre pourraient s'avancer à 50 mètres de la côte, et, par leurs feux croisés, reporter la défense beaucoup plus en avant. La situation topographique de cette presqu'île en fait une excellente position de flanc contre un ennemi qui tenterait de s'avancer par la grande digue de l'île de Taoulaoud.

Lorsque les Italiens débarquèrent dans la presqu'île de Ghérar, toutes les constructions élevées par les Égyptiens tombaient en ruines ; ils y retrouvèrent la trace de retranchements en terre et de fortins inachevés. Ils se mirent immédiatement à l'œuvre, et, sur l'emplacement même de l'ouvrage égyptien, ils construisirent le fort de Ghérar dont le profil sur ses quatre fronts est organisé de façon à servir à l'infanterie et à l'artillerie. Armement : quatre pièces de 9 centimètres et quatre mitrailleuses.

La langue de terre qui relie l'île au continent est coupée, dans toute sa largeur, par un retranchement appuyé par ses deux extrémités à deux blockhaus armés de mitrailleuses et de pièces de 9 centimètres.

En face de Massaouah, à 4 kilomètres de la côte, se trouve le petit village de Monkullo, d'où partent les deux meilleures routes parcourues par les caravanes. Cette position ayant une grande valeur stratégique, on a construit, sur une petite hauteur qui commande la route d'Ailet, le fort de Monkullo. Armement : trois canons égyptiens de 9 centimètres se chargeant par la culasse, et une mitrailleuse Montigny. A 300 mètres du fort on trouve une source très abondante, dont un aqueduc amène les eaux jusque dans les citernes de Massaouah.

A 1,500 mètres, au Nord-Est de Monkullo, se trouve un autre petit village, Otumlu, résidence d'une mission suédoise. Sur une petite éminence à l'Est du village a été construit le fort d'Otumlu, armé de quatre pièces de 8 centimètres.

Au nord de la presqu'île de Ghérar, s'avance la

presqu'île d'Abd-el-Kader. Entre les deux, la baie
de Ghérar forme une échancrure assez vaste. Le
fort d'Abd-el-Kader a été construit, à l'entrée de la
presqu'île de ce nom, dans le but de rendre inaccessible à un ennemi venant d'Embesemi, le passage
entre Otumlu et Abd-el-Kader et d'appuyer d'une
façon efficace la résistance des troupes du camp
Ghérar. Ce fort est armé de six canons et de deux
mitrailleuses Montigny.

En se dirigeant vers le Sud, on rencontre au bord
de la mer et à l'entrée des défilés qui conduisent en
Abyssinie, le poste d'Arkiko, défendu par un fortin
en terre, armé de deux pièces de 7 centimètres italiennes, et de deux de 8 centimètres égyptiennes.

Non contents de s'installer dans toutes ces positions, les Italiens occupèrent à l'Ouest, à l'intérieur
des terres, Saati, et au Sud, à plus de 40 kilomètres
de Massaouah, Voua, Arafalli, Zoulah.

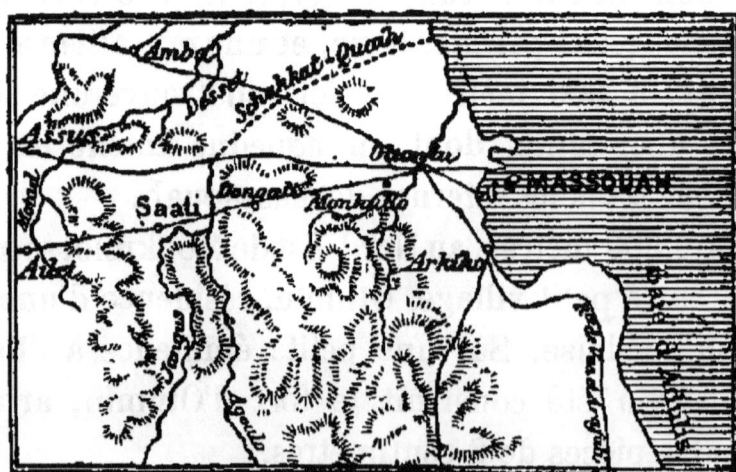

Environs de Massaouah.

C'est alors que le roi Jean, cédant aux conseils de son général Ras Aloula, se décida à attaquer les Italiens.

Quelques escarmouches signalèrent les derniers mois de 1886 et nécessitèrent de nouveaux renforts d'Italie.

Un ingénieur, le comte Salimbeni, faisant partie d'une mission scientifique et commerciale, organisée par la Société de Géographie de Rome pour explorer le Godjam, alla sur ces entrefaites trouver Ras Aloula dans son camp de Ghinda, à 60 kilomètres environ de Massaouah. Celui-ci retint le comte prisonnier et le força à écrire (14 janvier 1887) une lettre demandant au général Gené d'évacuer les forts avancés de Massaouah et de se borner à occuper l'île même. Sur la réponse négative des Italiens, Ras Aloula commença les hostilités.

Le 24 janvier, à midi, il établit son camp à 5 kilomètres au Sud de Saati, qu'il attaqua le lendemain, mais inutilement. En prévision d'une nouvelle attaque, le major chevalier Boretti, commandant des troupes retranchées dans la place de Saati, demanda au commandant du poste de Monkullo des vivres, des munitions et du renfort.

Un convoi de vivres et de munitions quitta donc Monkullo le 26, à 5 h. 20 du matin. Trois heures après, en arrivant près de Dogali (village à mi-chemin entre Monkullo et Saati), la colonne fut attaquée par des milliers d'Abyssins. Après plusieurs heures de combat, ayant épuisé toutes ses munitions, y compris celles du convoi, elle fut presque entièrement massacrée. La dépêche officielle du général Gené, accusait 23 officiers et 407 soldats tués ; 1 officier et 81 soldats blessés.

Une colonne de secours, réclamée dès le commencement de l'attaque par le lieutenant-colonel de Cristoforis, n'arriva que pour constater le désastre.

Le général Gené fit évacuer les postes de Saati, Voua, Arafalli, Arkiko, et demanda des renforts à Rome.

Ce fut le signal de la grande expédition italienne en Abyssinie. Un crédit de cinq millions fut voté, et de nombreux renforts expédiés immédiatement.

Ras Aloula n'ayant pas poursuivi ses succès et faisant de nouvelles offres pacifiques, le général Gené eut la faiblesse, pour obtenir la liberté du comte Salimbeni, de livrer aux Abyssins des fusils à eux destinés, mais sur lesquels le séquestre avait été mis à Massaouah. Pour ce fait, il dut céder le commandement à son prédécesseur, le colonel-brigadier Saletta, promu major général.

L'expédition fut immédiatement pourvue du matériel de guerre le plus perfectionné. Un chemin de fer Decauville fut construit pour relier entre eux tous les points fortifiés des environs de Massaouah, et poussé jusqu'à Saati. Enfin le camp retranché de Massaouah fut complété par trois forts (*voir notre croquis*) : le fort Victor-Emmanuel à trois kilomètres de Monkullo, le fort roi Humbert à quatre kilomètres d'Arkiko, et le fort reine Marguerite en position avancée.

En même temps le général Saletta cherchait à
se faire des alliés parmi certains chefs dissidents de
la région comprise entre le Tigré et la Nubie.

C'est ainsi que, le 18 octobre 1887, eut lieu à
Massaouah, l'investiture solennelle, en qualité de
chef des Habab, de Hamed Kantibai, qui avait
reconnu depuis longtemps la suzeraineté de l'Italie.

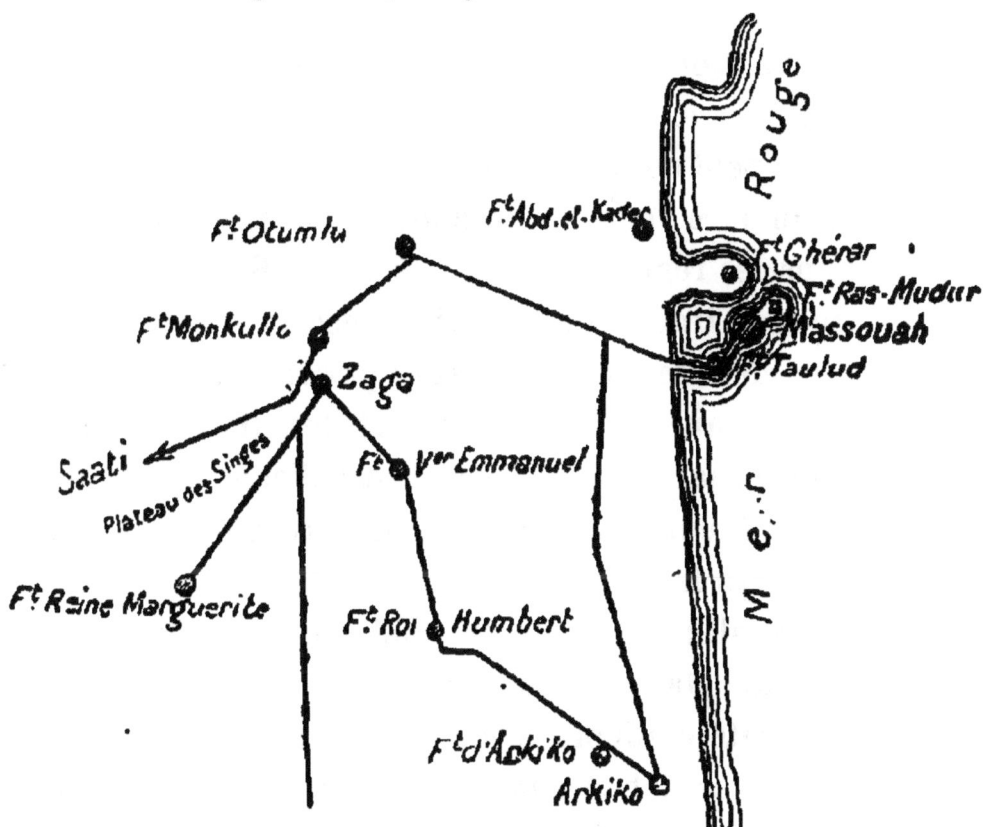

Les fortifications de Massaouah en 1887.

Il n'est pas inutile de rappeler les passages suivants du discours que le général Saletta prononça
à cette occasion :

« Depuis le commencement de l'occupation ita-
« lienne, alors que l'Égypte commandait encore en

« ces lieux, Kantibai, poussé par des idées de civili-
« sation, fut le premier chef des tribus voisines qui
« rendit hardiment hommage à l'autorité italienne.

« Animé des mêmes sentiments, lorsque je revins
« à Massaouah pour la seconde fois, il m'écrivit une
« lettre contenant des propositions d'amitié. Autorisé
« par le gouvernement, je stipulai avec lui une
« convention par laquelle les Habab s'engagent à
« protéger le commerce italien.

« On peut donc espérer que la route du Soudan va
« enfin être ouverte et que l'esclavage sera aboli
« dans ces régions. En effet, à peine Kantibai eut-il
« signé le traité, qu'il rendit 90 esclaves à la liberté ;
« il en délivra d'autres encore par la suite.

« L'alliance entre l'Italie et les Habab a une
« valeur inappréciable pour le cas d'opérations mili-
« taires éventuelles, soit sur leur territoire, soit dans
« des pays limitrophes. »

Cette alliance était, en effet, un acte de bonne
politique, étant donné la guerre avec l'Abyssinie.

Le traité d'alliance conclu entre le gouvernement
italien et les Habab comportait les clauses suivantes :

« Le pays des Habab et son chef sont placés sous la
dépendance et la protection du gouvernement italien ;
ils se mettent à la disposition de ce dernier pour les
opérations militaires nécessitées par les occupations
que l'Italie croirait opportun d'effectuer, soit d'une
manière permanente, soit d'une façon provisoire.

« Les soldats et les officiers italiens seront bien
accueillis par eux et pourvus partout, moyennant

rémunération équitable, de guides, de bœufs et de chameaux.

« Le chef des Habab déclare connaître l'état de guerre qui existe entre l'Italie et l'Abyssinie, s'y conformer, considérer comme ennemi commun celui de ses sujets qui pactiserait avec les Abyssins, et laisser son fils en otage comme garantie de la fidélité avec laquelle il remplira de tels engagements.

« Au cas où une guerre avec l'Abyssinie ou avec tout autre ennemi, quel qu'il soit, exigerait le concours des Habab, Kantibai s'engage non seulement à contribuer aux moyens de transports, mais encore à fournir, de la manière et dans la proportion à indiquer ultérieurement, les contingents qui lui seront demandés.

« Le gouvernement italien donnera aux Habab, quand il le croira nécessaire, des armes, des munitions et des soldats pour la défense de leur territoire.

« Les Habab protégeront de la manière la plus efficace tous les étrangers porteurs de recommandations délivrées par les autorités italiennes, qui se rendront au pays des Habab ou le traverseront, et tout spécialement les caravanes de marchands et de négociants de Massaouah.

« La valeur des marchandises dont la perte aurait été, pour une raison non justifiée, causée par les Habab, sera remboursée par eux.

« En échange de l'abandon de la perception du dixième de la valeur et des autres impôts jadis prélevés sur les marchandises à l'arrivée et au départ,

Kantibai touchera un droit de péage qui ne devra pas dépasser un thaler par chameau chargé ; ce droit sera réduit à un demi-thaler si l'animal ne porte que des céréales.

« Le gouvernement italien favorisera, de la manière qu'il croira la plus convenable, le commerce au mouillage de Taklai, en y établissant, quand il le jugera opportun, un résident et un corps de police.

« Le gouvernement italien accorde une pension mensuelle de 500 thalers à Kantibai qui reconnaît, avec toute sa famille, la suzeraineté de l'Italie ; celle-ci reconnaît le fils de Kantibai pour son successeur.

« La présente convention sera obligatoirement observée par les héritiers et les successeurs de Kantibai, à la condition que les engagements réciproques qu'elle contient soient toujours maintenus et respectés.

« Le gouvernement italien pourra mettre un corps de police à Taklai, résidence de Kantibai, ou, à sa volonté, dans toute autre localité du territoire des Habab. »

CHAPITRE IX

En réalité, tout le territoire habité par les Habab constituait une base sérieuse pour les futures opérations militaires des Italiens contre l'Abyssinie.

Le corps expéditionnaire, qui partit vers la fin de novembre 1887, comprenait 12,000 hommes, sous le commandement du général de San-Marzano. On lui adjoignit les troupes régulières qui se trouvaient à Massaouah, ainsi que les irréguliers recrutés parmi les indigènes, de sorte que le général San-Marzano disposait de 20,000 hommes.

Les Italiens mirent cette fois assez de temps pour arriver à Saati : partis au milieu de décembre 1887, ils n'atteignirent cette localité que le 1er février 1888; ils n'avaient rencontré aucune résistance, le roi Jean s'étant retiré à temps dans l'intérieur du Tigré. Deux mois plus tard, le négus, à la tête d'une nombreuse armée, descendit des hauteurs du Tigré et établit son camp près de Saati. Il engagea avec les Italiens des pourparlers qui n'aboutirent pas à la conclusion de la paix. Il se replia alors vers le Tigré, à la nouvelle des mouvements inquiétants de ses vassaux, les rois de Godjam et du Choa, et de l'établissement des Derviches sur la frontière.

N'ayant plus d'ennemi à combatre, les Italiens se retirèrent à leur tour à Massaouah ; la plus grande partie du corps expéditionnaire fut rapatriée en Italie petit à petit. De fortes garnisons furent laissées à Saati, à Dogali, à Monkullo et à Massaouah, ainsi qu'en d'autres points plus ou moins importants.

Les succès des généraux italiens se réduisirent cette année à la conclusion de quelques traités, stipulant la reconnaissance du protectorat italien de la part de plusieurs tribus de la côte.

En janvier 1888, la puissante tribu Marea reconnut solennellement le protectorat. Selon le traité conclu le 4 novembre 1888 avec le chef des Beni-Amer, le territoire occupé par sa tribu fut placé sous le protectorat. Le 9 du même mois, le sultan d'Aoussa, chef suprême des Danakils, plaça aussi son territoire sous le protectorat de l'Italie.

A la même époque, le négus pacifiait le Godjam ; il n'osa attaquer le roi du Choa, Ménélik, qui, soutenu par les Italiens, convoitait le trône d'Abyssinie. L'empereur Jean préféra se diriger vers Galabat contre les Derviches ; il trouva la mort dans la bataille qu'il leur livra le 11 mars 1889.

Ménélick profita de cette mort pour se proclamer

empereur d'Abyssinie. Il conclut avec l'Italie un traité de paix qui fut signé par lui et par le plénipotentiaire du gouvernement italien, le comte Antonelli, au camp d'Outchali, le 2 mai 1889. Ce traité fut ratifié par le roi d'Italie le 29 septembre de la même année. Après la soumission du roi de Godjam et des chefs de la province d'Amhara, Ménélick se couronna empereur d'Abyssinie, le 22 octobre, à Antoto, dans la province de Choa.

Le traité d'Outchali déterminait, d'une manière plus ou moins précise, les relations entre les deux gouvernements, ainsi que la ligne frontière des possessions qui leur appartenaient. L'article 17 du traité, *d'après la version italienne notifiée aux puissances,* interdisait au négus Ménélick d'entrer en relations avec aucune puissance étrangère, excepté par l'intermédiaire de l'Italie.

La ligne entre les possessions italiennes et celles de l'Abyssinie devait se diriger du fort d'Arafali, situé sur la côte du golfe de Zoulah, vers Asmara, puis suivre le cours du fleuve Anaba vers le Nord jusqu'au territoire des Bogos, et de là, descendre en suivant la rive droite du fleuve Lebka jusqu'à l'embouchure de ce fleuve dans la Mer Rouge.

Le traité d'Outchali défendait la traite des esclaves, tant dans les possessions italiennes que dans l'Abyssinie, l'importation des armes pour le négus était autorisée et une taxe de 8 0/0 *ad valorem* était imposée aux marchandises à leur entrée ou sortie de l'Abyssinie.

Une exacte détermination des frontières n'a pas eu lieu, car les Italiens, profitant des difficultés dans lesquelles se trouvait le négus, purent, à leur gré, tracer la frontière en toute liberté.

Quelques jours après la conclusion du traité d'Outchali, le 20 mai, les troupes italiennes occupèrent Kéren, capitale des Bogos, sans coup férir. Cette occupation était contraire aux stipulations du traité d'Adoua du 3 juin 1884, entre l'Abyssinie, l'Égypte et l'Angleterre, traité que les Italiens s'étaient engagés à respecter ; par ce traité, le négus d'Abyssinie s'était réservé la souveraineté des territoires occupés par la tribu des Bogos.

Peu après, les derviches ayant fait une incursion sur le territoire de la tribu des Beni-Amer, placé sous le protectorat italien, un détachement d'auxiliaires commandé par des officiers italiens, partit de Keren à leur poursuite, et après leurs avoir livré bataille, s'empara du village d'Agordat, sur la rivière Baraka, à 120 kilomètres de Keren, sur la route de Kassala. L'occupation d'Agordat élargissait considérablement les frontières italiennes déterminées par le traité.

Le 21 juillet 1889, les troupes italiennes occupèrent Asmara, point stratégique d'une très grande importance, à la source de la rivière Mareb et sur la route conduisant de Massaouah à Adoua, capitale du Tigré ; elles élevèrent sur le versant Sud-Ouest des montagnes d'Asmara, le grand fort de Beche-Meka qui devait assurer leur domination sur tout le territoire compris entre Asmara et Godofelassi.

Le 20 décembre 1889 parut un décret royal, en vertu duquel tant les possessions italiennes proprement dites que les territoires se trouvant sous le protectorat de l'Italie devaient constituer la colonie d'Érythrée (*Colonia Eritrea*). Le même décret détermine l'organisation des pouvoirs civils et militaires dans cette colonie. Les Italiens n'ont d'ailleurs jamais tenu que très peu de compte des traités signés entre eux et les chefs des différentes tribus.

Après avoir pacifié le Godjam et l'Amhara et s'être fait couronner à Antoto, la négus Ménélick ne pouvait pas encore considérer sa domination comme définitivement établie ; il avait à combattre en outre, dans la province septentrionale de son empire, — le Tigré — ses ennemis Mangascha et Ras Aloula.

Pendant que Ménélick se trouvait aux prises avec ses adversaires, le nouveau commandant en chef de l'armée italienne en Érythrée, le général Orero, entreprit, dès son arrivée à Massaouah, une expédition dangereuse et difficile sur Adoua. En janvier 1890, le général Orero, à la tête de 1,600 Italiens et de 4,000 auxiliaires, se mettait en mouvement.

Le 14 janvier, le général Orero faisait son entrée à Adoua, sans avoir rencontré la moindre résistance. Mangascha et Ras Aloula ayant accepté les proposition du général Orero, prêtèrent serment de fidélité au négus Ménélick et au roi d'Italie. Toutefois, le détachement italien se trouvant dans une situation assez dangereuse en face des armées de Mangascha et de

Ras Aloula, au sein d'une population très hostile, le général Orero abandonna la capitale du Tigré et retourna à Asmara, en laissant de fortes garnisons dans les provinces du Saraé et de l'Okoulé-Kuosaï, dépendantes du Tigré.

Dès la fin de 1890, de graves divergences éclatèrent entre l'empereur Ménélick et le gouvernement italien au sujet de l'interprétation du traité d'Outchali. Elles portaient sur deux points : sur la signification à donner à l'article 17 de ce traité, par lequel les Italiens entendaient assumer le protectorat de l'Éthiopie en obligeant son souverain à ne communiquer avec les puissances européennes que par l'entremise de la diplomatie italienne; — et sur la frontière entre l'Érythrée et l'Abyssinie. Pour régler les points litigieux, le comte Antonelli entreprit en Abyssinie un voyage dont l'objet fut d'abord un mystère pour tout le monde. Mais il échoua dans sa mission, rompit les négociations le 6 février 1891 et quitta la cour de Ménélick, emmenant avec lui le comte Salimbeni, consul général, le docteur Nerazzini et le fils du marquis di Rudini. Le *Livre Vert* renferme sur cette affaire des documents fort intéresants. Dans une lettre de Ménélick au roi Humbert, parvenue à Rome le 13 octobre 1890, l'empereur se plaignait que, tandis que dans le traité d'Outchali il n'était question de céder qu'une partie de l'Asmara, l'Italie demandait pour frontière le Mareb, ce qui lui enlevait la plus gande partie du Tigré; il ajoutait que, quoique les patriciens du Tigré lui reprochassent d'avoir déjà trop donné à des étrangers, il était disposé à céder encore une autre partie de son territoire, jusqu'à Scheket. Le roi Humbert répondit le 28 octobre que, si le négus garantissait la paix complète du côté du Tigré, la question de frontière s'arrangerait à l'amiable. En effet, Ménélick et le comte Antonelli arrivèrent à se mettre d'accord sur la frontière proprement dite; mais comme Ménélick avait subordonné le règlement de cette question à celle de l'article 17, on ne put aboutir.

L'article 17 du traité d'Outchali est conçu comme suit : « Le roi des rois d'Éthiopie *itchallaoutchal* (pourra ou devra?) se servir de la diplomatie italienne pour traiter toutes ses affaires avec les puissances européennes. »

L'interprète italien traduisit le mot controversé par *devra*, quoique l'empereur et *tous les orientalistes* affirment que sa véritable signification est : *pourra s'il lui plaît*.

Ménélick écrivit au roi d'Italie :

« J'ai constaté que le texte amharique et la version italienne de cet article ne sont pas identiques. J'ai stipulé que les affaires éthiopiennes pourraient être traitées, par amitié, par la diplomatie italienne, mais je n'ai jamais entendu en prendre l'engagement par un traité. Votre Majesté doit comprendre qu'aucune puissance indépendante ne ferait pareille chose. Si vous avez à cœur l'honneur de votre allié, vous vous hâterez de rectifier l'erreur d'interprétation de l'article 17 et de porter cette rectification à la connais-

sance des puissances européennes auxquelles vous
avez communiqué cet article mal traduit. »

Et, comme l'envoyé du gouvernement italien faisait observer qu'une telle communication blesserait
la dignité italienne, Ménélick répondit :

« Si vous avez votre dignité, nous avons aussi la
nôtre ! »

L'impératice, présente à l'entretien, ajouta :

« Vous voulez nous faire passer pour vos pupilles,
mais cela ne sera jamais ! »

L'affaire en resta là *provisoirement* et produisit au
premier moment une vive irritation en Italie. Peu à
peu cependant, les gens calmes firent observer que
l'article 17 avait plus d'importance au point de vue
des relations de l'Italie avec les puissances européennes, que de ses relations avec Ménélick ; peu
importait que ce dernier l'entendît à sa façon, si les
premières ne secondaient pas ses prétentions.

Quant à la question des confins, on ne pouvait
nier que le négus n'eût raison ; il est vrai que dans
le traité d'Outchali la délimitation de la frontière
était réservée à une commission à nommer d'accord
entre les parties contractantes, mais il n'en était pas
moins vrai que la ligne de base de cette frontière y
était déterminée, et que maintenant l'Italie voulait
aller beaucoup plus loin, englobant toute l'Asmara
et occupant toutes les positions qui dominent le
cours du Mareb.

L'étendue des ambitions italiennes est indiquée
dès cette époque par les négociations engagées entre

l'Angleterre et l'Italie pour la délimitation de leurs sphères d'influence respectives dans l'Afrique orientale.

Elles ont abouti aux protocoles du 24 mars et du 15 avril 1891, signés par le marquis di Rudini et lord Dufferin, que leur importance nous engage à publier en annexes à la fin de ce volume.

Par le premier, la sphère d'influence italienne en Afrique orientale est limitée au Sud, à partir de la mer (près de l'Équateur), par le thalweg du fleuve Juba jusqu'à 6º de lat. N., Kismayou avec son territoire à la droite du fleuve restant ainsi à l'Angleterre. Puis la ligne de démarcation suit le parallèle de 6º N., jusqu'au méridien de 35º E. Gr., qu'elle remonte jusqu'au Nil Bleu.

Par le second protocole, la limite septentrionale de la sphère d'influence italienne part du ras el Kasar sur la mer Rouge, passe entre Keren et Kassala, et se prolonge vers l'Ouest jusqu'à son intersection avec le même 35º E. Gr., déjà fixé par le premier protocole comme extrême limite occidentale de l'Afrique italienne. Kassala reste à l'Angleterre ; toutefois, si jamais l'Italie avait besoin de l'occuper pour défendre sa colonie, elle pourrait le faire, sauf à la restituer ensuite à l'Égypte, si celle-ci le réclamait.

Ces protocoles sont le point de départ des amusantes cartes de l'Érythrée italienne que l'on publie par-delà les Alpes, et dans lesquelles la colonie englobe toute l'Abyssinie et tous les pays compris à l'Est du 35ᵉ méridien, du ras el Kasar au Nord, à l'embouchure du fleuve Juba au Sud.

Cette récréation, innocente sur les cartes géographiques, a engouffré sur le terrain le sang et les millions de nos voisins

CHAPITRE X

Au mois d'août, l'empereur Ménélick fit remettre par le ras Makonnen, au consul italien d'Aden, 120,000 thalers en acompte sur le prêt de quatre millions qui lui avait été consenti le 26 octobre 1889 par la Banque Nationale d'Italie, avec la garantie du gouvernement italien. Comme la somme versée était triple du montant de l'annuité stipulée, et que le négus avait refusé de recevoir les deux derniers millions de la Banque, on vit là une preuve de l'intention de Ménélick de se dégager tout à fait de l'alliance.

Le général Gandolfi, alors gouverneur civil et militaire de l'Érythrée, fit un voyage à Rome au milieu de l'été et se mit d'accord avec le ministère sur le nouveau programme à suivre dans la colonie. En voici les points principaux : se borner à occuper militairement le triangle Massaouah-Keren-Amara;

à l'extérieur de ce triangle et jusqu'à la frontière, constituer des gouvernements locaux avec des chefs indigènes de confiance à leur tête; travailler pacifiquement au développement du commerce et de l'agriculture et limiter les dépenses au strict maximum de 8 millions,

Le 8 décembre, le général Gandolfi conclut, sur les bords du Mareb, avec les ras Mangascha, Aloula, Agos et les autres chefs du Tigré, des accords, rédigés en langue amhara et en langue italienne en double original, dont voici le résumé : maintien du *statu quo;* reconnaissance, de la part des chefs du Tigré, de la possession tranquille par l'Italie du Saraé et de l'Okoulé-Kousaï; acceptation de la ligne des rivières Mareb et Belesa comme frontière définitive entre le Tigré et l'Érythrée; promesse de cordiale amitié et protection réciproque des propriétés des sujets respectifs des parties contractantes. Ces engagements ont été pris par Mangascha en son nom, et non en celui de Ménélick.

Aussi les documents relatifs à cette entente reçurent-ils à Rome un accueil assez froid, et le comte Antonelli exprima-t-il la crainte que le gouvernement italien n'eût indisposé Ménélick en traitant ainsi séparément avec les chefs du Tigré.

Malgré ces tentatives de pacification, au début de 1892, la situation de la colonie était des plus précaires; le rebelle Abarra tenait la campagne, massacrant les détachements isolés et incendiant les villages.

L'état de siège avait dû être proclamé, et le général Gandolfi remplacé comme gouverneur par le colonel Baratieri.

Un moment on avait espéré détourner de l'Amérique du Sud le courant de l'émigration nationale et le canaliser dans la direction de Massaouah. Cette espérance fut déçue. La plupart des émigrants italiens fuient surtout la misère qui les accable chez eux et ne se soucient nullement de retrouver, au loin, les entraves que les lois et règlements de la mère-patrie opposent à leur activité individuelle ; ils préfèrent aller tenter fortune sur un sol tout neuf, et, d'ailleurs, les courants d'émigration sont assez assimilables aux fleuves qui coulent toujours dans le lit qu'ils se sont creusé et n'en sortent qu'à la suite d'un cataclysme géologique.

Aussi M. di Rudini déclarait-il que l'Italie ne chercherait pas à acquérir en Afrique de nouvelles possessions et exprimait la conviction que l'on eût mieux fait de ne pas s'étendre dans une région « où l'avenir commercial n'est guère souriant ».

C'est qu'en effet la situation de la colonie était de plus en plus critique. Les caravanes ne pouvaient plus arriver jusqu'à Massaouah et les produits d'importation européenne ne pénétraient plus dans l'intérieur. Le mouvement commercial était nul, et les commerçants menaçaient de quitter en masse la colonie où ils ne faisaient pas d'affaires. La misère se faisait sentir chez les indigènes d'une manière plus terrible : ils mouraient littéralement de faim aux environs de la ville. On ne pouvait leur venir en aide, les approvisionnements étant à peine suffisants pour les besoins du personnel européen.

Le professeur Schweinfurth, écrivant d'Abyssinie à l'un de ses amis de Russie, faisait une description navrante de la détresse du pays. Il avait rencontré des quantités de squelettes jonchant la campagne aux abords des grandes routes.

Ménélick ne perdait pas de vue ses revendications relatives au traité d'Outchali. Il adressa à Rome des lettres dans lesquelles il se plaignait surtout du comte Antonelli et déclarait vouloir continuer avec l'Italie les rapports amicaux.

M. di Rudini accueillit les ouvertures du négus, et se servit du docteur Traversi, renvoyé au Choa par la Société géographique italienne, pour confirmer à Ménélick ses bonnes dispositions et mieux le sonder.

Le Dr Traversi remplit habilement sa mission et revint à Rome en juillet 1892 avec des lettres et des propositions amicales de Ménélick.

M. Brin, successeur de M. di Rudini au ministère des affaires étrangères, y répondit au mois d'août. M. Traversi repartit avec des instructions précises et arriva seulement le 17 mars 1893 à la cour de Ménélick. Celui-ci, depuis le 12 février, afin de ne pas laisser périmer le terme pour obtenir des modifications, avait adressé au roi d'Italie la lettre de dénonciation dont voici le texte :

« Lion vainqueur de la tribu de Juda, Ménélick II,

élu du Seigneur, roi des rois d'Éthiopie, à S. M. Humbert Ier, roi d'Italie, salut !

« Dans le but de fortifier l'amitié qui existe entre l'Éthiopie et l'Italie, j'ai consenti au traité de commerce et d'amitié signé à Outchali le 25 miazzia 1881 (25 mai 1889). Peu après, des difficultés sont survenues qui m'ont profondément attristé.

« Ayant découvert que l'article 17 de ce traité n'était pas conforme dans le texte amhara et dans le texte italien, je vous en ai immédiatement avisé, et j'ai été bien vivement peiné de ne recevoir, tout d'abord, aucune réponse à mes réclamations. Enfin, lorsque vous m'avez envoyé le comte Antonelli avec vos pleins pouvoirs pour résoudre ces difficultés survenues, il fut convenu que, pour mettre un terme à tout malentendu entre nos gouverneurs du Tigré, les frontières des territoires que je vous ai concédés seraient immédiatement délimitées.

« Je vous ai confié dans ce but mon *dedjazmatch* Machacha-Worké. Vous me l'avez renvoyé couvert d'injures et maltraité d'une façon outrageante pour mon empire, tandis que vos gouverneurs traitaient directement avec tous les ennemis de mon autorité, avec tous les révoltés, foulant mes frontières au mépris de notre traité et cherchant à soulever contre moi les provinces environnantes.

« J'ai été péniblement attristé de tous ces événements, qui m'obligent à demander le bénéfice de l'article de notre traité autorisant chacun de nous à le résilier à cette date présente, et je viens vous dé-

clarer par cette lettre que je dénonce complètement
ce traité du 25 miazzia 1881 (25 mai 1889) ainsi que
les annexes signées le 22 septembre suivant. Ce
traité prendra donc définitivement fin le 25 mazzia
1886 (25 mai 1894).

« Mon intention n'est pas de renoncer à toute amitié. J'espère, au contraire, que lorsque ce traité
n'existera plus, nos relations d'amitié redeviendront
aussi étroites que par le passé. Je suis persuadé que
Dieu vous montrera de quel côté est la justice et que
vous jugerez vous-même, selon la vérité, les actes
de vos gouverneurs.

« J'espère que vous accepterez comme moi le bénéfice de cet article du traité et que vous me répon-
drez promptement en m'accusant réception de ma
déclaration.

« Je fais des vœux pour que Dieu nous conserve
en bonne amitié.

« Écrit à Addis-Abbaba, le 7 yékatit de l'an de
grâce 1885 (12 février 1893). »

Le Dr Traversi fut chargé de déclarer qu'en présence d'un traité sans durée limitée, on pouvait
négocier des modifications éventuelles sans jamais
faire cesser totalement les effets du traité.

Dès ce moment, Ménélick, conscient de la perfidie
italienne, résolut de faire prévaloir son droit par les
armes, et se prépara à la guerre avec un soin minu-
tieux.

Entre temps, eurent lieu des engagements avec
les Derviches, la bataille d'Agordat et la prise de

Kassala, événements auxquels je consacrerai plus loin un chapitre spécial.

Je tiens auparavant, pour ne pas interrompre, par le récit de ces épisodes survenus en dehors des limites du plateau éthiopien, celui des différentes phases de la lutte italo-abyssine, à aborder immédiatement les préliminaires de la dernière campagne du Tigré.

CHAPITRE XI

LA CAMPAGNE DU TIGRÉ

Quoique l'attention du gouverneur de l'Érythrée (promu général) Baratieri se concentrât surtout, à la fin de 1894, sur les Derviches, qui cherchaient à prendre leur revanche, il n'était pas sans inquiétude sur la fidélité des habitants du Haut-Plateau. Le vieux Bata-Agos, chef de l'Okoulé-Kousaï qui, à la bataille d'Agordat, avait combattu pour les Italiens à la tête des troupes auxiliaires des chefs abyssins, — était devenu suspect. Il avait réuni des hommes armés à Saganéiti.

Le major Toselli, avec six compagnies, reçut l'ordre de s'assurer de sa soumission.

Le 19 décembre, Bata-Agos quitta Sagnéiti et se retira vers Halaï, où les troupes italiennes l'attaquèrent et le vainquirent.

La rébellion de Bata-Agos et la nouvelle que le

ras Mangascha, uni avec le ras Agos, organisait une troupe, décidèrent le général Baratieri à prévenir une entente entre les chefs du Tigré contre les Italiens.

Dans l'attente d'une attaque des Derviches, il était nécessaire de s'assurer qu'une diversion imprévue du côté de l'Éthiopie, n'obligerait pas à diviser les forces italiennes.

Le général Baratieri se mit donc en marche à grandes journées, en partant de Keren, recueillit des troupes à Asmara et à Godofelassi, franchit le Mareb, et poussa jusqu'à Adoua, où il arriva le 30 décembre sans avoir rencontré d'obstacle. Le ras Mangascha et le ras Agos s'étaient retirés au-delà d'Adoua sans opposer la moindre résistance.

Le général Baratieri, satisfait du résultat de sa démonstration, repassa le Mareb et rentra à Asmara.

Mais la retraite du ras Mangascha n'était qu'une feinte.

Il porta tout simplement sa ligne d'invasion plus à l'Est, sur le méridien de Saganéiti, et arriva bientôt à peu de distance au Sud de cette dernière ville, en vue du village d'Addi-Haditis, un peu à l'Ouest d'Halaï où avait eu lieu la dernière rencontre entre Bata-Agos et les Italiens.

Le général Baratieri, prévenu, s'avança à marches forcées avec ses troupes à la rencontre du ras Mangascha, et arriva à Coatit, le soir du 12 janvier 1895, sans avoir été vu par l'ennemi.

Le 13 et le 14 furent deux journées de combat qui

coûtèrent aux Italiens 120 morts et 90 blessés. Le soir du 15, le ras Mangascha se retira sur Sénafé, au Sud d'Halaï, poursuivi par le général Baratieri. Il abandonna ce point le 16 et se dirigeant vers le Sud, dépassa Addigrat le 17.

Le général Baratieri, après avoir laissé à Sénafé un détachement en observation, occupa Adoua et Axoum.

Il est certain aujourd'hui que la *reconnaissance* exécutée par le ras Mangascha était le résultat d'une entente entre ce chef du Tigré et le négus Ménélick. Celui-ci préparait par ces escarmouches préliminaires, sa grande campagne du Tigré. Elles avaient pour but d'éloigner peu à peu les avant-postes italiens de leur base d'opération sur la ligne Sénafé-Addigrat. Et le généal Baratieri, donnant dans le panneau, occupait Sénafé le 24 mars et Addigrat le 25. Ce dernier point recevait une garnison de troupes italiennes et indigènes avec de l'artillerie, sous le commandement du major Toselli. Il était fortifié, et approvisionné, au moins pour trois mois, de vivres et de munitions.

Le ras Mangascha se trouvait à 50 kilomètres dans le Sud, et le général Baratieri envoyait contre lui une colonne volante jusqu'à Makallé.

Mais fidèle à sa tactique, le ras se retirait toujours plus loin, attendant l'arrivée de l'armée du négus.

Après un rapide et triomphal voyage en Italie, le général Baratieri rentrait en Érythrée à la fin de septembre, après avoir fait approuver par M. Crispi un plan de conquête que la *Stampa* développait en ces termes :

« Le général Baratieri fera avancer vers la frontière une partie de ses troupes et enverra en même temps à Ménélick des délégués pour lui proposer la formation d'une commission, destinée à conclure un traité de paix. L'Italie exigerait toutes les conditions nécessaires à la défense de sa colonie, c'est-à-dire le désarmement, le rappel des chefs des régions limitrophes, l'internement de Mangascha, la renonciation au Tigré et à l'Agamé, *et la reconnaissance de la souveraineté italienne sur l'Abyssinie.*

« Si Ménélick refusait ou cherchait à gagner du temps, le général Baratieri serait autorisé à envahir l'Amhara et le Choa : *la guerre serait alors conduite avec la plus grande célérité.* »

On va voir comment ce programme s'est réalisé.

Le général Baratieri, arrivé à Addigrat le 8 octobre 1895, ordonna aussitôt un mouvement en avant dans la direction Makallé-Antalo.

Sauf une insignifiante escarmouche à Debra-Ailat, — que les dépêches italiennes s'empressèrent de transformer en grosse victoire, — Mangascha continua à se retirer sans combattre derrière le lac Ashangi, s'appuyant sur les 175,000 hommes de troupes abyssines concentrées par Ménélick au camp de Boroumieda. Les avant-postes italiens se trouvèrent à Amba-Alagi, très dangereusement « en l'air ».

Le général Baratieri, pris d'un commencement

d'inquiétude, songea à concentrer ses forces, et après l'inauguration du fort de Makallé, le 24 no-

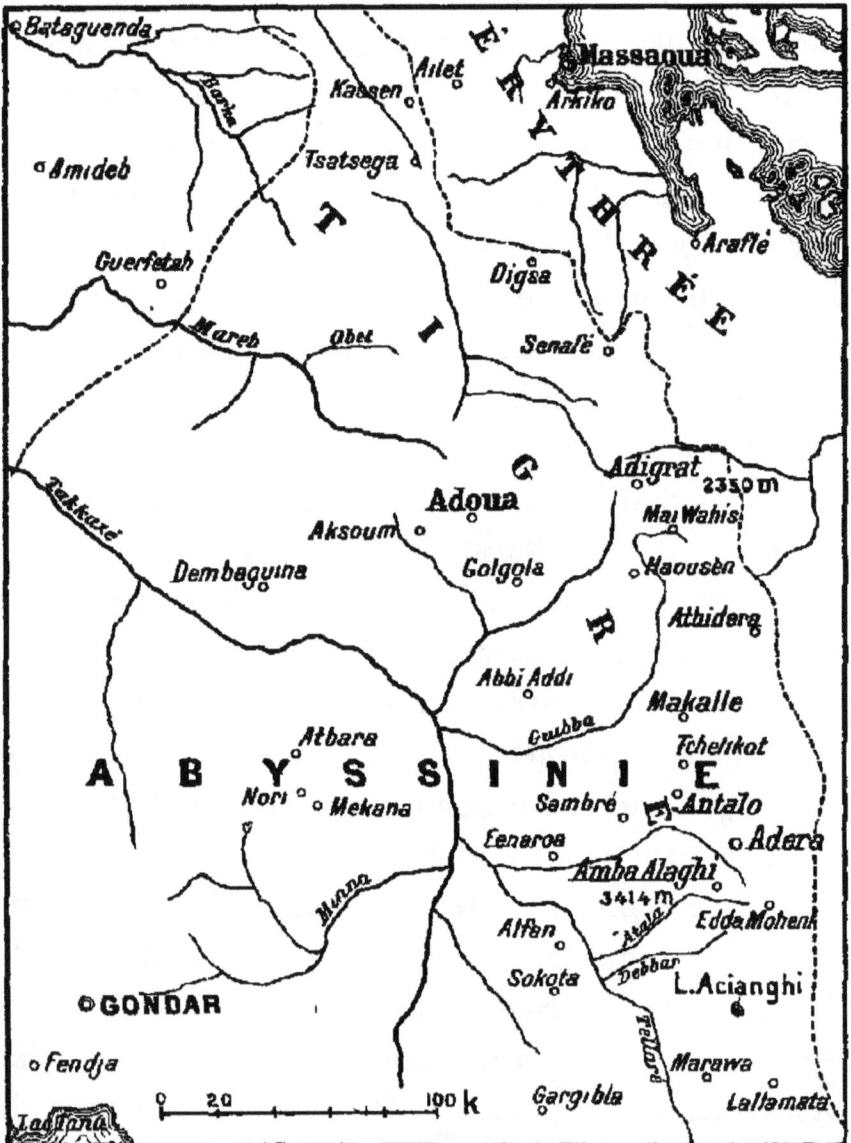

Carte du Tigré.

vembre, donna l'ordre à la garnison d'Antalo de se replier au premier symptôme de danger, en détruisant tout sur son passage, afin de créer entre les *envahisseurs* (!) et les lignes italiennes, une zone déserte.

Le 2 décembre, il télégraphia au gouvernement italien pour le prévenir que 30,000 ennemis commandés par le ras Makonnen s'avançaient au Sud du lac Ashangi.

Malgré l'imminence du danger, le major Toselli non seulement n'évacua par la position avancée d'Amba-Alagi, mais commit même l'imprudence de pousser des reconnaissances au-delà de ce point, jusqu'à Atzala.

Le ras Makonnen lui envoya aussitôt des messagers pour le prévenir que si les Italiens ne se retiraient pas, il les attaquerait.

Le major Toselli rétrograda jusqu'à Amba-Alagi, le 5 décembre, suivi de près par l'avant-garde du ras Makonnen, dont il apercevait le camp le 6 décembre.

Le samedi 7 décembre, dès l'aube (6 heures et demie), la position italienne est attaquée par surprise. La colonne Toselli, débordée par 22,000 assaillants, est presque complètement massacrée, et ses débris en déroute ne se reforment qu'à Addigrat, après avoir parcouru plus de cent kilomètres en deux jours.

Le désastre d'Amba-Alagi coûtait à l'Italie 2,200 hommes de troupes indigènes, 17 officiers (dont le major Toselli) et une trentaine de sous-officiers italiens. Les Abyssins s'emparaient de 2,000 fusils, d'une batterie d'artillerie de montagne et d'une grande quantité de vivres, de munitions et d'effets de campement. Le désastre était beaucoup plus considérable que celui survenu à Dogali dix ans auparavant.

Ses conséquences étaient aussi beaucoup plus graves.

Une armée de 100,000 Abyssins, admirablement équipés, outillés, approvisionnés et commandés, envahissait le Tigré, tandis qu'une réserve à peu près égale, restée au camp de Boroumieda, s'apprêtait à combler ses vides ou à la renforcer au besoin.

Le général Arimondi, qui s'était porté, trop tard, au secours de la colonne Toselli, fut repoussé à son tour, et les Choans vinrent bloquer le fort de Makallé, dont la garnison, forte de 1,500 hommes, était commandée par le major Galliano.

Après quarante jours de siège, le fort ne pouvant être secouru et sa provision d'eau étant épuisée, son évacuation fut négociée avec Ménélick qui, moyennant une forte rançon, permit à la garnison de rejoindre le camp du général Baratieri, situé à Adaga-Hamus, près d'Addigrat.

Mais le négus profita habilement de cet incident pour accompagner ses prisonniers avec toute son armée et faire prendre à cette dernière des positions formidables, de Makallé à Adoua, sur le flanc de la ligne italienne.

Ce mouvement stratégique obligea les Italiens à un changement de front qui fit rétrograder leur centre jusqu'à Addigrat.

Puis, les deux armées restèrent face à face, à quelques kilomètres l'une de l'autre, le général Baratieri attendant des renforts et des approvisionnements, le négus se préparant à une action décisive.

Au commencement de février 1896, Baratieri télégraphiait :

« Je ne suis pas en mesure d'attaquer l'ennemi ; toutefois, *j'espère* pouvoir le repousser s'il m'attaque. »

A cette époque, j'écrivais, dans le *Mouvement Colonial* du 15 février :

« Il faut s'attendre à recevoir, d'un moment à l'autre, la nouvelle d'un nouveau désastre éprouvé par les Italiens. Ce désastre est dans l'air... »

En effet, la situation s'aggravait de jour en jour. Les contingents indigènes faisaient défection, les populations du Tigré se soulevaient, les moyens de transport manquaient, les approvisionnements étaient insuffisants,... et M. Crispi réclamait télégraphique à Baratieri « une victoire *authentique !* »

Le général en chef, éperonné par le premièr ministre italien, et par la nouvelle de l'arrivée de son remplaçant, le général Baldissera, lança imprudemment les 18,000 hommes de troupes mobiles dont il pouvait disposer contre les formidables positions défendues par les 120,000 guerriers de Ménélick.

Le 29 février, à 9 heures du soir, grâce à la clarté de la lune, les troupes italiennes furent acheminées en trois colonnes, vers la « conque » d'Adoua.

Après avoir marché toute la nuit, elles débouchèrent à l'aube sur les cols par où l'on pouvait atteindre les positions choanes. Chose singulière, qui aurait dû donner à penser aux officiers italiens, ces points importants étaient inoccupés.

Il ne semble pas qu'il y ait eu une concordance suffisante dans la marche des trois colonnes, ce qui est explicable par les difficultés du terrain, d'ailleurs peu connu des Italiens. Très probablement, les premiers échelons arrivés devaient attendre les autres, pour former une ligne de bataille bien liée, et permettre aux troupes de se reposer un peu après la marche forcée de la nuit.

Mais la colonne Albertone, arrivée la première, fut sans doute attaquée par les Choans, avant l'arrivée des deux autres, et se trouvant isolée, elle fut facilement débordée sur les flancs, refoulée et mise en déroute.

Cette débandade surprit les colonnes Arimondi et Dabormida en ordre de marche, et dans l'impossibilité, non seulement de secourir la colonne Albertone, mais encore de se déployer en bataille pour se défendre elles-mêmes.

. Il en résulta que, paralysées par la disposition du terrain, enveloppées par des ennemis supérieurs en nombre, elles durent lâcher pied en abandonnant leur artillerie, dont elles n'avaient même pu faire usage.

La déroute éparpilla les vaincus dans toutes les directions, et les débris de l'armée italienne ne purent se rallier qu'à une grande distance du lieu du désastre.

Trois généraux, 360 officiers sur 550, 10,000 soldats morts, blessés, prisonniers ou disparus, 72 canons, 2 drapeaux, tout le campement avec ses approvisionnements, munitions, etc., tombés aux mains des Abyssins, tel est le bilan de cette épouvantable catastrophe du 1er mars 1896.

Tout semble indiquer que, si le service d'informations du général Baratieri était défectueux, celui de Ménélick, tout au contraire, était merveilleusement organisé. Le négus a dû être tenu au courant, heure par heure, de tous les mouvements et de la marche offensive des Italiens. Il a pris ses mesures en conséquence, retiré ses avant-postes des cols pour inspirer confiance à l'ennemi, et avant que celui-ci eût pu concentrer et déployer ses forces, il a fondu sur lui à l'improviste et l'a anéanti.

La nouvelle du désastre d'Adoua produisit une profonde émotion, non seulement en Italie, mais dans tous les pays civilisés.

Le premier résultat fut la destitution de Baratieri comme gouverneur civil et militaire de l'Érythrée et sa mise en disponibilité comme général.

C'est le général Baldissera, arrivé à Massaouah le jour même de la bataille, qui fut désigné pour le remplacer, et qui se rendit immédiatement à Asmara, pour organiser la défense de la colonie.

En Italie, la défaite eut un terrible contre-coup politique. Sous la pression de l'opinion publique, le ministère Crispi fut obligé de donner sa démission et, d'un bout à l'autre de la péninsule, de violentes manifestations se produisirent contre la continuation de la guerre en Afrique.

Pour obéir à ce sentiment général, le chef du nouveau ministère, M. di Rudini, fit engager des pourparlers immédiats avec Ménélick pour le rachat des prisonniers, l'évacuation d'Addigrat et la conclusion d'une paix honorable. Il affirma, à la tribune de la Chambre italienne, que le gouvernement était décidé à renoncer au protectorat de l'Éthiopie et à abandonner le Tigré. Le ministre de la guerre, général Ricotti, confirma cette décision, déclarant que la conquête de l'Abyssinie exigerait cinq années, cent cinquante mille hommes et un milliard et demi de lires de dépenses.

La sagesse la plus élémentaire conseillait donc la paix.

A l'heure où j'écris ces lignes (7 août 1896) les négociations ont abouti à l'évacuation d'Addigrat, et sont encore en cours pour le rachat des prisonniers. Le négus Ménélick s'est retiré dans le Sud pour y prendre ses quartiers pendant la saison des pluies.

Tout donne à croire que le traité d'Outchali sera prochainement annulé officiellement ou considérablement modifié.

CHAPITRE XII

L'ABYSSINIE ET L'ÉGYPTE

Par suite de sa situation géographique au Sud de la Nubie, entre le bassin du Nil et la mer Rouge, l'Abyssinie a été en relations constantes avec l'Égypte.

Les premiers rapports entre Éthiopiens et Égyptiens se perdent dans la nuit des temps, ont été à la fois fréquents et importants, et quoiqu'avec des alternatives diverses, n'ont jamais été complètement interrompus depuis.

Les Ptolémées, et après eux les Romains d'Égypte, dominèrent, sinon sur le haut plateau éthiopien, du moins à Axoum et à Adulis.

Dès que les musulmans se furent emparés de l'Égypte, commença entre eux et les Abyssins une lutte séculaire.

A la fin du XIIᵉ siècle, un monarque abyssin, Lalibala, songea le premier à dériver une partie du cours du Nil, pour affamer l'Égypte et en chasser les musulmans.

C'est contre les Turcs d'Égypte, qui avaient mis des garnisons à Souakim et à Zeilah, que les Abyssins eurent recours, au XVIe siècle, à l'aide des Portugais.

Chose remarquable : sauf dans les temps très anciens, où nous voyons les Éthiopiens imposer des monarques et des lois à l'Égypte, — jamais les luttes entre les deux pays n'ont eu un caractère décisif.

Tout s'est borné à des incursions de frontières, plus ou moins meurtrières, sans que jamais l'un des deux adversaires ait pu se proclamer vainqueur ou dû s'avouer vaincu.

Les guerres de ce siècle n'ont pas changé de caractère, malgré le perfectionnement des procédés militaires.

Les convoitises du gouvernement égyptien à l'endroit de l'Abyssinie datent de loin. Méhémet-Ali, en s'emparant de la triste et stérile Nubie, il y a trois quarts de siècle, n'avait songé qu'à s'en faire un point d'appui pour la conquête des heureux pays du Sud ; il vint lui-même à Karthoum, en 1837, hâter les préparatifs d'une expédition que l'état anarchique de l'empire abyssin semblait rendre facile. Son armée prit la route de Gondar, précédée d'un message insolent qui enjoignait au gouverneur de cette ville « d'avoir à préparer ses églises pour servir d'écuries à la cavalerie égyptienne. » Il suffit, pour répondre à ce défi, de l'énergie d'un simple *dedjaz* du Kouara; la bataille d'Abou-Kalambo, où l'armée d'invasion fut anéantie, força le gouvernement du Caire à renoncer pour longtemps à ses projets.

A l'avénement de Théodoros, Saïd-Pacha s'inquiéta de la formation sur sa frontière d'un État puissant et régulier, pouvant exercer une attraction dangereuse sur les tribus nubiennes. Un jour, Théodoros s'avisa, en effet, d'envahir le Soudan, qu'il voulait arracher aux Turcs d'Égypte. Près de Ghedaref, petite ville des frontières de la Nubie, il se heurta à une poignée d'irréguliers du vice-roi qui le refoulèrent sans peine dans la montagne. Cela donna à Saïd-Pacha des velléités de conquête, arrêtées bientôt par le *veto* des consuls généraux de France et d'Angleterre. Cette contrariété lui causa un dépit amer. « La Nubie, dit-il, n'est que le vestibule de l'Abyssinie; puisqu'on m'empêche d'entrer dans la maison, je serais bien fou de faire tant de dépenses pour orner le vestibule. » La conséquence de ce beau raisonnement fut la réduction de l'armée du Soudan et la dissolution du nombreux personnel civil et militaire entretenu à grands frais à Khartoum.

A partir de 1863, Ismaïl-Pacha remit les choses sur l'ancien pied, et massa tout le long de la frontière abyssine, du Nil à Massaouah, une armée de 20,000 hommes, y compris la cavalerie irrégulière. Tout était prêt pour une marche en avant vers

Gondar, quand éclata, en juillet 1865, une révolte militaire sanglante qui fit tout ajourner. 4,000 hommes d'infanterie noire, entassés dans la ville de Kassala et dont la solde n'était pas payée, massacrèrent leurs officiers, pillèrent la ville, égorgèrent une partie des habitants, et furent à leur tour exterminés par les troupes que le vice-roi fit converger en toute hâte sur ce point.

L'Égypte devint même incapable de défendre sa ligne du Barka des incursions abyssines provoquées par les razzias égyptiennes contre des tribus vassales du négus.

Lorsque l'Angleterre entreprit l'expédition contre Théodoros, Imaïl-Pacha massa de nouveau plusieurs régiments le long de cette frontière « en vue des prochaines éventalités ».

Mais le Foreign-Office refusa ce concours compromettant indirectement offert, et quoiqu'après la chute de Théodoros, Ménélick dans le Choa, Kassa (le futur négus Jean) dans le Tigré, et le *waagchum* Gobhésié dans la région centrale de l'Amhara se soient disputé la suprématie, Ismaïl-Pacha n'osa profiter immédiatement de leurs divisions pour les attaquer.

Ce ne fut qu'en 1875 qu'il se crut assez fort pour lancer sans provocation toutes ses troupes à la conquête de l'Éthiopie. Au Nord, trois corps d'armée envahirent le Tigré par Massaouah.

La Turquie ayant cédé Zeilah aux Égyptiens, ceux-ci avaient occupé cette ville et partaient de ce point le 18 septembre, avec 300 chameaux, quelques pièces d'artillerie et des bachi-bouzouk, pour conquérir le Harrar.

Pendant ce temps, Munzinger-Pacha attaquait l'Aoussa.

Au Sud, le colonel Gordon, remontant le cours du Nil-Blanc, devait faire sa jonction avec Raouf-Pacha dans le Gouragué, sur les terres mêmes du roi de Choa, tandis qu'une flotille débarquait sur la côte de Zanzibar Mac Killop-Pacha et un millier d'hommes.

Avec ses troupes disciplinées, son artillerie du nouveau système, ses fusils Remington, ses officiers européens, le khédive croyait évidemment ne faire qu'une bouchée de ces Abyssins, mal organisés, mal armés, qu'il enfermait dans un cercle de fer. Du reste, il avait pris ses précautions pour n'être pas inquiété. A Massaouah, la poste avait été supprimée; tous les Européens qui se trouvaient dans cette île avaient reçu défense d'en sortir; en même temps, le silence des personnes qui auraient pu donner l'éveil était secrètement acheté à beaux deniers comptants; il s'agissait de tromper l'Europe et de déguiser sous les grands noms de civilisation et de progrès une des plus injustes attaques dont fasse mention l'histoire de ces contrées.

Tous ces beaux plans échouèrent cruellement.

Tout d'abord, Munzinger-Pacha périt près d'Aoussa, victime d'une surprise.

Dans le Nord, un premier corps d'armée égyptien, aux ordres du colonel Arendrup, fut écrasé à

Adhkalah. Un second corps d'armée, sous la conduite d'Arakel-Bey, ne fut pas plus heureux. Le
troisième, qui ne comptait pas moins de trente mille
hommes, commandé par Ratib-Pacha et le prince
Hassan, le propre fils du khédive, subit un désastre
encore plus complet. Entouré et attaqué à l'improviste pendant la nuit, il fut complètement anéanti :
16,000 fusils Remington, quarante pièces de canon,
tout le matériel et les munitions de guerre restèrent
au pouvoir des Éthiopiens.

Raouf-Pacha s'était bien emparé par la force du
pays d'Harrar le 11 octobre, mais ce succès compen-
sait à peine l'échec de Munzinger; d'autre part, le
colonel Gordon n'avait pu pénétrer jusqu'au lac
Albert et rétrogradait avec les débris de son expédition; enfin, Mac Killop-Pacha, envoyé sur la côte de
Zanzibar, avait dû, par suite de l'opposition de l'Angleterre, se retirer avec ses navires sans avoir rien
fait. Les vues ambitieuses du vice-roi n'avaient
abouti qu'à la honte et à la ruine.

Malgré les victoires remportées par ses troupes, le
roi Jean d'Abyssinie, manquant de matériel pour la
guerre en rase campagne, ne pouvait guère songer
à descendre de ses montagnes, afin de poursuivre ses
avantages contre l'armée du khédive. Néanmoins, il
réclamait la restitution des terres prises par l'Égypte
à l'Abyssinie pendant les dix dernières années.

A Gordon, chargé de négocier avec lui, il déclarait qu'il aurait pu réclamer aussi Dongola, Berber,
le Sennaar, etc., mais qu'il se bornait à exiger la

restitution du territoire des Bogos, ce que le colonel avait l'ordre de ne pas accorder.

Aussi, les pourparlers furent-ils interrompus, le négus ayant d'ailleurs fort à faire pour maintenir sa suprématie sur ses feudataires.

La révolte du mahdi et l'expansion de sa puissance au Soudan engagèrent le gouvernement égyptien, à l'instigation du *Foreign-Office*, à faire à l'Ethiopie quelques concessions.

Le 3 juin 1884, un traité conclu à Adoua entre l'Abyssinie, l'Égypte et l'Angleterre, restituait au négus le territoire des Bogos. Le 20 septembre de la même année, le Harrar, que les Égyptiens occupaient depuis 1875, était évacué, et Abdullahi, fils du dernier émir, rétabli sur le trône.

Le roi Jean essaya également d'obtenir l'évacuation de Massaouah, ou du moins la promesse que cette île ne tomberait pas entre les mains d'une autre puissance.

Mais les Anglais, ayant besoin d'un concours européen contre les Derviches, firent céder cette place aux Italiens. On a vu, au chapitre VIII, que ce fut le point de départ de la lutte italo-abyssine.

Désormais, les relations entre les territoires éthiopiens et les territoires du Soudan égyptien, furent une série de conflits entre les Abyssins, les Italiens et les Derviches.

Le négus Jean fut tué dans une bataille qu'il livra à ces derniers, à Galabat, le 11 mars 1889.

Le premier choc sérieux entre Italiens et Derviches eut lieu à Agordat, le 25 juin 1890. Les guerriers du mahdi furent constamment battus, même à la deuxième bataille d'Agordat, où le colonel Arimondi, le 20 décembre 1893, défit 12,000 ennemis, avec 2,000 hommes de troupes indigènes commandées par 55 officiers italiens. Jamais les Anglais et les Égyptiens n'ont lutté contre les mahdistes et les Soudanais avec une telle disproportion. Au cours de la bataille, qui dura plusieurs heures, il y eut des moments critiques, où tout tint à un fil. Les Italiens perdirent une batterie de quatre pièces de campagne, qu'ils reprirent ensuite. Dans son rapport sur la bataille, le colonel Arimondi exprime l'hypothèse que les mahdistes, accoutumés à l'ordre de combat serré et aux formations en carré des anglo-égyptiens, ont été étonnés de voir les lignes étroites et mobiles des troupes italiennes. Cette circonstance, et la mort des principaux chefs, survenue au commencement de la lutte, doit avoir décidé le succès d'Agordat en faveur de l'Italie. Les mahdistes combattirent avec un indescriptible acharnement; ils avaient des munitions en surabondance, mais tiraient très mal et commirent de grosses erreurs tactiques, quoiqu'ils fussent commandés par deux officiers supérieurs de l'époque égyptienne. Si la bataille avait été perdue par les Italiens, les quelques troupes survivantes n'auraient pu s'arrêter qu'aux portes de Massaouah.

Le général Baratieri, que les lauriers du colonel

Arimondi empêchaient, dit-on, de dormir, voulut faire mieux encore.

Le 12 juillet 1894, il concentra à Agordat 2,400 hommes de troupes, tant indigènes qu'Italiens, poussa une pointe rapide sur Kassala, et prit cette ville d'assaut après un vif combat, contre les 2,600 Derviches qui l'occupaient, le 17 juillet.

L'Italie usait ainsi de la faculté qui lui avait été reconnue par l'Angleterre, en 1890, d'occuper *provisoirement* Kassala.

Cette occupation s'est maintenue depuis lors avec quelques alertes causées par les Derviches.

Après le combat d'Amba-Alagi (7 décembre 1895), le ras Makonnen envoya des messagers aux Derviches dans le Ghedaref, pour les persuader d'attaquer les Italiens qui se trouvaient dans une situation très critique.

Les Derviches poussèrent une pointe vers Kassala, mais le commandant Hidalgo les mit en déroute et occupa El-Fascher, sur l'Atbara.

Le chef du Ghedaref, Ahmet-Ali, fils de celui du même nom tué à la bataille d'Agordat, allait envoyer néanmoins 5,000 hommes se joindre aux forces de Ménélick, lorsque des troubles qui éclatèrent du côté de Khartoum l'obligèrent à ajourner ce projet.

Ce ne fut qu'après la catastrophe d'Adoua (1er mai 1896), que les négociations, en vue d'une action commune contre les Italiens, purent être reprises entre Ménélick et les Derviches.

Elles aboutirent à la concentration de forces mahdistes considérables autour de Kassala, que les Italiens songèrent un instant à évacuer.

Mais cela ne faisait pas l'affaire de l'Angleterre, qui, consciente du péril mahdiste, obtint du Quirinal le maintien de l'occupation, promettant une diversion immédiate par le Nord.

Ce fut la cause ou, si l'on veut, le prétexte de la manifestation anglo-égyptienne de Ouady-Halfa à Akashed, sur la route de Dongola.

Entre temps, le colonel Stevani a réussi à débloquer Kassala, mais la situation n'en reste pas moins précaire pour les Italiens, auxquels l'occupation de cette ville coûte fort cher et ne rapporte rien.

Aussi, répand-on le bruit que l'Italie serait fort disposée à rétrocéder Kassala à l'Égypte, pourvu que cette dernière lui remboursât tous les frais occasionnés par l'occupation, la conservation et l'évacuation de cette ville.

Ce serait naturellement l'Angleterre qui prendrait possession, sans bourse délier, de cette place importante au point de vue de la guerre contre les Derviches et de la conquête du Soudan égyptien.

Kassala servirait en même temps de boulevard contre l'expansion de la puissance éthiopienne.

C'est, qu'en effet, le plateau abyssin est une formidable citadelle sur le versant oriental de ce bassin du Haut-Nil que convoitent les Anglais. Il faut compter désormais avec la glorieuse armée, à l'effectif toujours croissant, et admirablement outillée et commandée, qui y tient garnison. Ménélick peut être, suivant les circonstances, un terrible ennemi ou un précieux allié.

Les destinées de l'Égypte ne dépendent donc plus uniquement aujourd'hui de l'Angleterre, et des péripéties de sa lutte avec les Derviches. Ménélick, conscient de sa force, sait qu'il a, lui aussi, son mot à dire dans une question qui l'intéresse au plus haut degré, et ce mot, il n'y a pas à douter qu'il le dira, lorsqu'il jugera l'instant opportun.

CHAPITRE XIII

L'AVENIR DE L'ABYSSINIE

L'Abyssinie est devenue inopinément, au même titre que le Japon, une puissance avec laquelle il faut compter, dans l'Afrique orientale, au point de vue militaire. Nul doute que son monarque, dont la vive intelligence, ouverte à tous les progrès, a su s'assimiler si rapidement les procédés et les mœurs européens, ne songe également à doter son pays des moyens propres à développer ses ressources économiques.

L'Abyssinie est donc appelée à prendre dans le mouvement industriel et commercial une place des plus importantes.

J'ai déjà, en indiquant ses productions naturelles, montré quelles richesses elle peut offrir à l'activité humaine, dès que celle-ci obéira à des procédés scientifiques, au lieu d'être enchaînée par l'antique routine.

L'agriculture, en effet, y est encore dans l'enfance. Le seul engrais dont on se serve est celui que fournit la combustion sur place des mauvaises herbes et des broussailles; on gratte la terre avec une charrue toute primitive, comme celle des Kabyles, munie au bout d'une pointe, quelquefois en fer, mais le plus souvent en bois dur. Et cependant, grâce à l'heureuse combinaison des pluies et des chaleurs, le cultivateur obtient sans trop de peine jusqu'à trois récoltes à l'année; les plantes légumineuses et oléagineuses alternent dans l'assolement avec les céréales.

D'après un guide sûr, M. Arnoux, les blés sont de très belle qualité, blés durs comme le taganrog et tendres comme nos touselles de Provence; l'orge vient aussi fort bien; le tef donne une toute petite graine qu'on a souvent comparée au millet : sa tige, frêle et mince comme un fil, n'atteint pas moins de 50 à 60 centimètres de haut; il y a plusieurs variétés de couleur dans les graines; la blanche est la plus estimée, et l'on fait avec elle le *tavieta* de luxe (pain en forme de galette, très léger, très blanc, mais fort peu nutritif).

Parmi les légumes, se trouve le *chimbera*, sorte de pois dont les indigènes se montrent également très friands, le pois chiche, la petite fève, le haricot blanc et de couleur, le dourrah, le maïs, qui atteint un beau développement.

Peu de lin, à cause des soins qu'il exige. En revanche, le coton est bien cultivé : il est vrai qu'on n'a pas besoin de l'arroser, comme en Égypte. On en fait un grand commerce à l'état brut, et de plus son filage et son tissage à la main (on en fait de très bonnes toiles) sont une des principales industries du pays.

Le D*r* Schweinfurth, qui a étudié de près, avec raison, cette importante exploitation du coton, fait à ce sujet les intéressantes remarques suivantes :

« L'espèce primitive de coton cultivée en Abyssinie est le *Gossypium herbaceum.* L. (qui est appelé *aïtjaïtj*). Cette espèce résiste si bien à la sécheresse qu'elle peut être cultivée sans irrigation artificielle et qu'elle continue à végéter, à fleurir et à fructifier, même plusieurs mois après les dernières pluies. Il en est d'ailleurs de même du coton américain, introduit au Soudan à l'époque de la domination égyptienne (*Gossypium Barbadense*, appelé *toût*, en amharique), avec cette seule différence que celui-ci, abandonné à lui-même, s'est tellement transformé qu'il est devenu méconnaissable. Il produit des exemplaires nains, hauts ordinairement de 30 centimètres seulement, garnis d'une énorme quantité de capsules, beaucoup plus de capsules que de feuilles.

« Ce serait certainement l'idéal, dans la culture du coton, d'obtenir l'augmentation des fruits aux dépens des branches et des feuilles, mais cette augmentation se fait au préjudice de leur grosseur, et de celle-ci dépend la longueur des filaments de coton.

« La culture du coton, même sans soins, est une source importante de revenu, car les acquéreurs de coton brut abondent dans toute l'Abyssinie. On pratique l'égrènement d'une manière très primitive, sur une pierre lisse, à la surface de laquelle on fait rouler, soit avec la paume de la main (Dembelas), soit avec la corde d'un arc (Adoua) une tige de fer courte et un peu pointue qui entortille les fibres et détache les noyaux. Dans tous les villages de l'Abyssinie, on voit, devant les cabanes, des métiers à tisser. On y fabrique surtout les grands manteaux nommés *schiamma*, bordés d'une tresse rouge plus ou moins large (c'est l'*angustus* et le *latus clavus* des Romains), que revêtent les deux sexes. L'étoffe en est épaisse comme une couverture de lit et se distingue par une grande mollesse. La meilleure qualité vaut environ cinq thalers de Marie-Thérèse (16 francs). *Le préjudice que l'industrie locale cause aux produits de Bombay et de Manchester n'est pas négligeable.* Dans ces derniers temps on importe même du coton brut d'Égypte. Notre navire (l'*Ortigia*) en avait à bord dix balles, dans le trajet de Suez à Massaouah. »

La canne a sucre est cultivée également, mais en petite quantité, et l'on n'en tire aucun parti industriel. Le sésame, le safran réussissent fort bien ; l'indigo vient naturellement, le sol en est couvert ; le ricin, même sans culture, est bien plus puissant qu'en Égypte. Une foule d'arbres fruitiers, le pêcher, le grenadier, le prunier, se rencontrent à l'état sauvage; les citronniers, les orangers, donnent des fruits énormes, succulents et parfumés; les cédrats sont tout particulièrement exquis, on les mange crus comme des melons; seul le bananier est l'objet de quelques soins. Le piment rouge, le poivre rouge ou berberi, l'ail, l'oignon, le cardamome, le gingembre, une foule d'épices et de plantes aromatiques sont les produits naturels du pays. Quant à la vigne, on la trouve un peu partout, à l'état sauvage; elle fut naguère l'objet d'une culture suivie, car beaucoup de voyageurs, Salt, Lefèvre, Tamisier, ont parlé du vin d'Éthiopie; il semble que la tradition s'en soit perdue, mais il n'est pas douteux que la vigne pourrait donner, sous ce climat, des résultats magnifiques.

Le principal élément de richesse que possède l'Éthiopie, c'est le café. Le caféier est cultivé au Harrar, où les habitants le sèment grain à grain dans un terrain parfaitement fumé et arrosé; dans les pays gallas, à Kaffa, dans le Gouragué, cet arbuste naît et grandit naturellement au milieu des forêts; quand il est arrivé à une certaine hauteur, on le soigne et on en recueille les fruits qui trop souvent moisissent dans les dépôts faute de débouchés. L'étendue de ces pays est immense, et il est malaisé d'apprécier de prime abord la quantité de café que le commerce en pourrait tirer; pourtant l'exportation se chiffre déjà par plusieurs centaines de mille de kilogrammes annuels; d'autre part, la qualité est bien supérieure à celle des cafés de Moka:

on sait aujourd'hui que le nom même de la précieuse fève vient de Kaffa, son vrai lieu d'origine.

Le *musa ensete* est un palmier toujours vert dont les feuilles mesurent 1 mètre de large sur 8 de long ; les indigènes tirent des racines une sorte de farine dont ils se nourrissent, et les énormes côtes de ces feuilles fournissent des fibres très solides qu'on tresse à la main pour en faire des cordes.

Dans les forêts, une foule d'arbres, hauts de plus de 50 mètres, presque aussi forts au sommet qu'à la base, semblent venus d'un seul jet ; les essences les plus diverses y sont réunies : le genévrier, l'ébénier, le tamarin, le baobab, le mimosa, etc. Sur les versants des montagnes, dans des plis de terrains profonds où les rayons du soleil ne pénètrent jamais, on rencontre des oliviers de haute futaie ; ils vivent à l'état sauvage, toujours verts, toujours en travail, portant d'un bout de l'année à l'autre et des fleurs et des fruits ; du reste, le produit en est complétement perdu.

Les arbres à gomme de toute espèce occupent dans les Kollas un espace considérable ; mais cette richesse se perd comme beaucoup d'autres. L'élève du ver à soie, introduite dans ces régions où les mûriers sont très abondants, donnerait également de beaux revenus ; en choisissant deux endroits à des altitudes différentes, l'une dans les terres basses et l'autre sur les plateaux, on pourrait suivre parallèlement deux éducations et obtenir double récolte à l'année. Ce procédé est déjà employé pour les abeilles ; on les change de lieu, selon la saison, pour qu'elles produisent davantage ; on recueille ainsi d'énormes quantités de miel ; du reste, les Éthiopiens en mangent peu, ils le réservent pour faire du *tedj* (hydromel). Le tabac pourrait être excellent, mais on le cultive d'une façon toute primitive et la préparation n'en est pas moins défectueuse que la culture.

Outre les animaux comestibles, et ceux à ivoire ou à fourrure, — les autruches se promènent dans les plaines par longues bandes, mais nul ne se doute de la valeur de leurs plumes, ni ne songe à les exploiter. De même les tortues, dont les écailles énormes seraient grandement appréciées chez nous ; là-bas on n'en fait aucun cas.

Tels sont, en résumé, les principaux éléments naturels que le commerce européen trouvera tout d'abord en entrant en Éthiopie ; mais il en est d'autres que développeraient bien vite une culture plus savante ou des exploitations mieux conduites.

L'exploitation et le commerce du sel, entre autres, donneraient des résultats des plus rémunérateurs. Il résulte, en effet, d'un rapport très étudié de Munzinger que, dès 1867, ce seul produit donnait lieu à un mouvement d'affaires d'environ *neuf millions de francs par an* (1).

Cela s'explique en partie par la consommation du

-----

(1) Voir *La Plaine du sel* (*Le commerce du sel en Abyssinie*), dans le *Mouvement Colonial* du 1er mars 1896.

pays et des pays voisins, et aussi parce que les morceaux de sel servent de monnaie divisionnaire du thalari de Marie-Thérèse.

Aussi, une des premières concessions demandées par des Français dans notre colonie d'Obock, a-t-elle été celle de l'exploitation des salines du lac Assal, dépendantes de notre territoire, et qui ont un débouché assuré au Harrar, au Choa, chez les Somalis et chez les Gallas.

Le développement prochain des ressources économiques de l'Éthiopie assure un avenir des plus brillants à nos possessions d'Obock. Elles sont, en effet, la voie obligée de pénétration au Choa et au Harrar, ainsi qu'il résulte de l'étude comparative des routes commerciales publiée par l'*Esplorazione Commerciale* et que nous reproduisons ici, en raison de son importance :

« En conséquence d'une clause nouvelle introduite dans le nouveau service des Messageries Maritimes, les paquebots postaux de cette Compagnie se rendant à Madagascar et en revenant deux fois par mois, en même temps que ceux du service de l'Indo-Chine ayant lieu une fois par mois, touchent maintenant à Djibouti au lieu d'Obock : ce dernier point était, jusqu'au 12 octobre dernier, la seule escale française, une fois par mois, dans le golfe d'Aden. Djibouti jouira donc six fois par mois au moins du passage de ces paquebots postaux à l'aller et au retour. De son côté, le gouverneur des établissements français de la mer Rouge a transféré le centre des services administratifs de la colonie à Djibouti.

« Cette détermination se trouve justifiée par les avantages que présente cette localité tant au point de vue maritime, qu'au point de vue commercial. Quand la France créa un établissement à Obock, ce fut en vue d'avoir à l'entrée de l'Océan Indien un dépôt de charbon, où les navires français pourraient s'approvisionner à l'ombre du drapeau national. Il est bon de rappeler que les ports anglais, et parmi eux Aden, avaient été fermés aux Français vers la fin de leur conflit avec la Chine en 1885, sous le prétexte de l'état de neutre : et, à cette époque, les Français purent se considérer très heureux d'avoir pensé à prendre quelques précautions à Obock. La paix conclue, les navires français s'empressèrent de reprendre l'escale d'Aden, car Obock ne présentait pas les facilités nécessaires aux opérations d'approvisionnement qui, faute de mieux, ne pouvaient avoir lieu que très lentement. Un navire de guerre devait rester 48 heures en rade pour faire 60 tonnes de charbon.

« On fit cependant quelques travaux à Obock en 1887. On construisit une jetée : mais celle-ci restait entièrement à sec durant la basse marée, tandis qu'à marée haute elle ne pouvait servir qu'à l'accostage des canots et des baleinières. Les navires d'un certain tonnage ne pouvaient s'en approcher que de loin.

« Ces conditions défavorables, auxquelles devaient se soumettre les paquebots des Messageries Maritimes touchant à Obock, où faisait escale, depuis

1888, une fois par mois, le paquebot de la la ligne Zanzibar-Madagascar-Réunion, auraient nécessité, pour être améliorées tant soit peu, une très forte dépense. Un ingénieur des colonies, envoyé en mission à Obock, avait estimé à 13,550,000 francs les sommes nécessaires pour le complet ordonnancement du service du port. Il concluait, d'autre part, son rapport sur Obock, en disant que ce point ne pouvait offrir aucune ressource en vue des approvisionnements, parce que ceux-ci doivent être amenés de la côte des Somalis (côte Sud du golfe de Tadjourah) ou d'Aden : et de fait Obock était et restait tributaire de l'Angleterre.

« Il était donc nécessaire à la France d'avoir une position sur la côte Sud de cette baie : le point le plus indiqué à cet effet était Djibouti, où existait une rade excellente, protégée naturellement et qui possède, en outre, cet immense avantage d'être le point de départ de la vraie voie commerciale vers l'intérieur du pays. Les Anglais avaient d'autant mieux compris la supériorité de ce port qu'ils se trouvaient déjà établis à Zeilah, à une quarantaine de milles marins de Ras Djibouti : ils contestèrent donc à la France le droit de s'établir en ce point. Le traité conclu le 2 février 1888 mit fin à ces contestations et l'Angleterre reconnut à la France la possession du territoire de Djibouti jusqu'aux pieds du Lovadu, à 25 kilomètres au-delà du Cap.

« L'établissement définitif des Français à Djibouti a une importance considérable en vue de la route commerciale du Harrar et du Choa. Les routes qui conduisent depuis la mer à ces deux riches pays sont au nombre de cinq :

« 1º La voie italienne de Massaouah : celle-ci n'arrive aux pays Gallas qu'en traversant le Tigré et l'Asmara, contrées qui sont certainement d'une certaine valeur économique, mais qui attendent encore l'arrivée de l'homme civilisé pour produire les fruits espérés. Cette route est [en outre deux fois aussi longue que celle de Djibouti et plus difficile.

« 2º La voie italienne d'Assab, qui traverse en partie une région volcanique sans eau et sans végétatation, en partie les plaines pestilentièlles de l'Aoussa, dont le Sultan impose des taxes énormes sur les caravanes qui traversent ses terres. Longue de 900 kilomètres, elle est absolument abandonnée.

« 3º La voie anglaise de Zeilah : les caravanes doivent traverser, aussitôt après avoir quitté la côte, le désert de Menda, absolument aride et sans eau, qui les oblige à une marche forcée de 24 heures. De plus, elles doivent suivre le long du territoire des Gadaboussi et des Aberoual, tribus de brigands. Pour ne pas être attaquées de ces tribus, les caravanes font généralement un détour de Zeilah vers Djibouti pour prendre la route qui sert à présent de limite anglo-française, évitant de ce fait complètement le désert de Menda et les attaques des indigènes. La première et la seconde route se réunissent à Bijo Caboba et continuent ensuite sur Gildessa et le Harrar.

« 4º La voie anglaise de Berberah par Bulhar. Cette route est peu fréquentée des caravanes du Harrar, car elle traverse des pays continuellement en guerre et dont les tribus ne permettent pas le passage aux chameaux d'une autre tribu. Berberah n'a que très peu de relations avec le Harrar et aucune avec le Choa : mais il trafique avec d'autres pays de l'intérieur, comme l'Ogaden et les régions occidentales de la Somalie.

« 5º La voie française de Djibouti. Elle se trouve justement placée entre les deux voies italiennes et les deux voies anglaises. Elle traverse une région relativement plane, fournissant sur tout le parcours de l'eau et de l'herbe pour la nourriture des bêtes de somme. Les facilités de transport sont grandes. Les chameliers Issa offrent leurs services comme guides aux caravanes et remplissent leurs promesses avec une certaine ponctualité. Cette route est plus courte, arrivant au Choa en 750 kilomètres et au Harrar en 250 seulement. Elle est la plus fréquentée, même des caravanes qui vont de l'intérieur à Zeilah et qui, pour gagner ce port, ne quittent la route française que quand elles sont arrivées près de la côte.|

« Le Harrar produit du café de qualité identique à celui de Moka, et cela en quantité extraordinaire. On sait que l'usage du café se développe de plus en plus et que les puissances européennes doivent se procurer ce produit de l'extérieur.

« Un rapport officiel français évalue à 25 et 30 millions de francs la valeur des produits exportés chaque année du Harrar.

« Ces produits sont : le café, qui se cultive sur une vaste échelle et dont on pourrait encore développer la culture ; les peaux de chèvres et de bœufs en grande quantité ; la cire, le musc, l'or en poudre, l'ivoire. D'autres produits ne s'exportent pas encore, mais deviendront sûrement l'objet d'un commerce important quand les facilités de transport auront augmenté. Nous citerons en première ligne le coton, qui pousse en abondance sur toute la superficie des terres Gallas. On pourrait aussi y exercer l'élève des vers à soie, parce que les mûriers y sont très abondants et que le climat s'y prête merveilleusement.

« Les produits à l'importation sont les toiles et les cotonnades, de la verroterie, des soies, de la quincaillerie, du verre, des chandelles, du pétrole, etc.

« Le prix du transport à dos de chameaux jusqu'au Harrar, à 250 kilomètres, ne s'élevant qu'à la somme de 27 centimes par kilogramme, ne pèse pas trop sur les marchandises. On peut en dire autant du Choa, où le prix du transport pour 750 kilomètres revient en moyenne à 1 fr. 50 par kilogramme.

« Les monnaies qui ont cours au Harrar sont la piastre Marie-Thérèse, la piastre égyptienne et la roupie indienne. Mais les habitants du Harrar s'assimilent facilement toutes les monnaies que l'on introduit dans le pays. »

CHAPITRE XIV

L'AVENIR DE L'ÉRYTHRÉE

Un décret promulgué le 18 juin, à Rome, ordonne la cessation de l'état de guerre en Érythrée.

La situation de la colonie italienne, réduite aux territoires situés sur la rive droite du Mareb, redevient donc normale, et il nous reste à examiner l'avenir qui lui est réservé au point de vue de la colonisation.

Nous avons pour cela l'autorité de plusieurs hommes compétents qui ont étudié attentivement les ressources de l'Érythrée, entre autres le Dr Schweinfurth et plus récemment le baron Léopold Franchetti, qui a fait des expériences de culture dans l'Okoulé-Kousaï, pendant quatre années environ, et qui en a rendu compte au second Congrès géographique italien, le 24 septembre 1895.

Nous ne saurions prendre un meilleur guide, car le rapport du baron Franchetti respire une parfaite impartialité.

Il signale, en effet, l'impression désolante qu'éprouve le voyageur qui arrive pour la première fois en vue des côtes de l'Érythrée, en voyant cette étendue de terre nue, blanchisssant sous un soleil implacable, tachée çà et là de bouquets de mimosas qui étalent leurs branches tourmentées et chichement vêtues de feuilles à un ou deux mètres du sol : en somme, le désert, le désert torride.

Aussi, en arrivant à Massaouah on éprouve une surprise agréable en voyant le long du rivage, sur la gauche, une rangée de maisons, quelques-unes presque élégantes, avec cet aspect gai et frais qu'ont souvent, vues de loin, les villes orientales avec leurs maisons blanchies et sans la tache obscure des toits, qui sont tous à terrasse. La ville a un aspect de prospérité et de richesse qui réjouit.

Mais, à la réflexion, la surprise fait bientôt place à la défiance. Dans le port, la solitude du miroir liquide, resplendissant de lumière, est rompue seulement par un certain nombre de barques arabes, pas plus grandes que des bateaux de pêche ; par le navire de guerre stationnaire ; et s'il y a un vapeur, il appartient presque inévitablement à une Compagnie subventionnée. Le port est désert, comme la campagne est déserte et nue. Voilà pourtant une cité populeuse : de quoi vit sa population ?

La réponse est donnée par la masse imposante

des édifices du gouvernement qui dominent Massaouah, non sans quelque majesté.

C'est qu'en effet, avant l'arrivée des Italiens, Massaouah n'était guère plus qu'un gros village, visité de temps en temps par un vapeur de la Société égyptienne subventionnée, et par un vapeur italien de la Société Rubattino, qui trouvait alors du bénéfice à faire *sans subvention* le cabotage de la mer Rouge.

L'occupation italienne et le courant de numéraire sorti des caisses de l'État, créa une prospérité artificielle qui atteignit son apogée à l'ocasion de l'expédition de 1887.

Les gros bénéfices réalisés par certains fournisseurs de cette expédition se transformèrent en constructions, et ainsi surgit cette ville à l'aspect extérieur riant.

Aujourd'hui les millions laissés par l'expédition San Marzano ont été dépensés. De la splendeur artificielle et passagère de Massaouah, il reste, outre la population indigène, des militaires, des employés, et environ un millier d'Européens de toutes qualités, dont la principale ambition est de tirer parti directement ou indirectement du budget de l'État. Fournitures pour les plus riches ; emplois ou travail salarié pour les autres. Le commerce, malgré l'aliment que lui donnent les besoins de la population officielle, est faible eu égard au nombre des négociants ; il se trouve en grande partie entre les mains de commerçants indigènes, et d'une colonie de Banians venus de l'Inde et qui sont comme campés à Massaouah ; ils dépensent très peu et envoient leurs bénéfices à leurs maisons.

Il y a, il est vrai, l'*espoir*, dans un avenir plus ou moins lointain, du commerce avec le Soudan et l'Abyssinie méridionale. Mais tout fait craindre que ce trafic se fera longtems attendre et qu'après la pacification du Soudan, et la reprise des relations avec l'Abyssinie, il trahira les espérances caressées.

J'ai montré, en effet, que d'autres routes sollicitent ce commerce, en concurrence avantageuse avec celle qui débouche à Massaouah. Il serait donc imprudent d'y compter pour assurer la richesse et la prospérité futures de la colonie, et même de la seule ville de Massaouah. C'est un commerce pour lequel le seul moyen de transport est, et sera longtemps encore, la bête de somme.

Les alentours de la ville sont encore plus décourageants. Autour des misrables villages indigènes de Monkoullo, Otoumlo et Arkiko, s'éparpillent la résidence de la mission suédoise, les maisonnettes de quelques riches indigènes, et la verdure de leurs petits jardins. Ceux-ci vivent de l'eau des puits dont leurs propriétaires ont pu faire les frais de forage. La nappe d'eau saumâtre, mais propre à l'irrigation, qui, dans les plaines de Monkoullo et d'Arkiko, se trouve à quelques mètres sous terre, a permis, surtout à Arkiko, la culture de quelques jardins : ceux qui les cultivent retirent, du marché voisin de Massouah, un bénéfice rémunérateur. Mais les tentatives de grande culture faites sur la terre ferme, en face de l'île de Massaouah, par un Européen qui a dépensé des sommes considérables et dont la hardiessse méritait un meilleur succès, n'ont donné que des résultats négatifs. Et ceux-ci étaient à prévoir. Plusieurs années avant l'occupation italienne, Munzinger, qui séjourna longtemps à Massaouah et dans le voisinage, avait signalé que l'irrégularité des pluies hivernales exclut de la région comprise entre la mer Rouge et le haut plateau, les plantations d'une culture rémunératrice.

Mais sur le haut plateau, tout change d'aspect.

Il est constitué, pour la plus gande partie, par une vaste étendue de terre, à une hauteur moyenne de 2,000 mètres au-dessus du niveau de la mer, presque partout d'un climat salubre et doux. La chaleur y dépasse rarement 33° centigrades pendant quelques jours de l'année et pendant quelques heures par jour, et ne s'abaisse jamais à zéro. A des hauteurs supérieures, la température s'abaisse à un ou deux degrés sous zéro pendant la nuit en janvier ou février. La plus grande partie de ces terres planes, légèrement ondulée ou mamelonnée, est cultivable ; l'eau s'y trouve facilement en abondance à une profondeur qui varie entre quatre et huit mètres.

D'après les expériences du baron Franchetti, les produits agricoles, du type italien, donnent des résultats satisfaisants.

Les céréales et les légumineuses donnent des récoltes égales à celles des bonnes terres moyennes d'Italie ; la vigne et l'olivier végètent admirablement. Les autres arbres fruitiers poussent bien.

Les bêtes à cornes indigènes sont petites et de force proportionnée à leur stature, ce qui oblige à en atteler davantage à la charrue pour obtenir le même effet qu'en Italie, mais leur prix est beaucoup moindre que dans la péninsule.

En somme, le sol, le climat, les conditions d'humidité atmosphérique permettent sur le haut plateau cultivable, l'établissement d'exploitations agraires du type italien moyen, complètes et rémunératrices.

L'expérience du baron Franchetti est, à cet égard, décisive.

Dans les derniers mois de 1893, à la suite des bons effets donnés par les expériences de culture, un groupe de dix familles de paysans italiens émigrait sur le haut-plateau érythréen, et s'établissait dans le voisinage du village indigène de Godofelassi, à quelques centaines de mètres du fort d'Adi-Ugri, au milieu de cette fertile étendue de terrains ondulés qui forme la région du Saraé, à deux mille mètres au-dessus du niveau de la mer. En dehors des militaires, de quelques cantiniers, et de quelques ouvriers salariés de la station agraire de Godofelassi, c'étaient les premiers Italiens qui s'établissaient dans cette région. C'étaient même les premières familles de paysans italiens qui s'établissaient dans toute la colonie.

Un contrat passé avec le Gouvernement assure vingt hectares de terrain à chacune, et leur impose l'obligation de résider sur le sol concédé pendant cinq années et de le cultiver pendant le même temps avec le concours des membres de la famille aptes au travail. Au bout de cinq années, le terrain concédé devient la libre propriété de la famille. On lui avance en nature, le voyage, tout ce qui est nécessaire pour mettre le sol en valeur, y compris les moyens de subsistance pendant la première année. Le remboursement de l'avance faite, produisant intérêt à 3 0/0 l'an, doit commencer avec la seconde récolte, sous forme de prélèvement de la moitié des produits.

L'avance nécessaire pour qu'une famille partie de son domicile en Italie arrive à la première récolte, est de 4,000 francs en moyenne pour une famille de 7 à 10 personnes. Cette somme comprend tout, même le coût du voyage et de l'habitation.

Les colons, de novembre 1893 à juillet 1894, c'est-à-dire, en huit mois, ont défriché, aménagé et ensemencé en moyenne de 6 à 8 hectares par famille, sans parler d'autres travaux accessoires.

En novembre 1894, arrivèrent cinq autres familles qui se mirent courageusement au travail. Quelques-uns ont déjà commencé à rembourser une partie de l'avance qui leur avait été faite.

Les faits démontrent donc désormais la réussite certaine de familles de paysans établies dans la colonie dans les conditions susdites, — c'est-à-dire, le paiement en six ou sept ans des avances faites, paiement qui présuppose un plein succès moral et matériel.

Dans la région torride, le climat exclut la main-d'œuvre italienne. Dans les exploitations qui seraient établies, les ouvriers devraient être indigènes, et seule la direction serait aux mains des Européens. Cette région se compose de deux parties principales : l'une, à l'Est du haut-plateau, entre les pentes de celui-ci et la mer; et l'autre, au Nord-Ouest du haut plateau

De la première, dont il a déjà été question plus haut, il n'y a, pour le moment, pas grand'chose à espérer, sauf pour la culture indigène et les pâturages pendant la saison des pluies hivernales.

La seconde, c'est-à-dire le territoire de Kassala, renferme, dans la vallée du Barca, de vastes étendues de terres fertiles. Les pluies, sans avoir la même régularité que sur le haut plateau éthiopien, y sont pourtant généralement suffisantes. Dans toute cette région règnent, après les pluies, des fièvres meurtrières, juste au moment où les produits mûrissent et se récoltent. Mais il y a lieu d'espérer que des entreprises agricoles soutenues par des capitaux suffisants et avec une direction technique et administrative compétente, donneraient de copieux produits, principalement en tabac et en coton.

Il y a encore à résoudre le problème de débouchés convenables pour les produits obtenus, à cause de la distance considérable qui sépare de Massaouah les lieux de production. Il y a surtout à résoudre cet autre problème : les capitaux italiens ont-ils intérêt à abandonner les revenus certains et relativement élevés qu'ils trouvent en Italie pour aller tenter l'aléa de semblables entreprises, qui, du moins dans les premiers temps, présentent de nombreuses incertitudes. Dans un pays où, comme en Angleterre, le capital rapporte environ 2 0/0, il émigre plus volontiers à la recherche des aventures, que dans ceux où, comme en Italie, il trouve des emplois sûrs à 4 et 5 0/0 au minimum.

Quand bien même un gain élevé pourrait être retiré avec certitude d'entreprises agricoles en Érythrée, — et cette certitude n'existe pas, pour le moment, — le capital ne s'y engagera de toutes façons que très lentement. Et même s'il y était engagé en quantité suffisante, les produits que donnerait la vallée du Barca ne seraient pas suffisants pour justifier la conservation de ce domaine colonial.

Pour être complets, mentionnons les précaires possessions italiennes baignées par l'Océan Indien, depuis le cap Gardafui, jusqu'à l'embouchure de la rivière Juba.

Il ne peut y être question de colonisation. Ce sont des territoires torrides, inaccessibles à la main d'œuvre européenne, mais où l'on peut établir des factoreries. C'est le cas où il y a lieu de faire une grande concession en bloc à une puissante Société.

La fertilité de cette région était déjà connue. Récemment, un jeune Milanais, M. Giorgio Mylius, y a fait un voyage pour y étudier la culture du coton et a résumé dans une publication les résultats de ses observations. Celles-ci l'ont amené à conclure que le coton de bonne qualité peut y être obtenu à un prix moindre que les cotons américains, et à qualité égale.

En somme, la seule partie de l'Érythrée italienne qui représente une valeur de réalisation immédiate, c'est le haut-plateau.

Mais comment réaliser cette valeur.

M. le baron Franchetti n'a pas la moindre confiance dans l'initiative privée, et fait appel à l'intervention de l'État.

« L'Italie, dit-il, est pauvre de capitaux, mais elle possède un instrument de richesse qu'elle ignore elle-même, ignorance qui est peut-être la principale cause de sa pauvreté.

« L'aptitude au travail agricole intelligent, la sobriété, les besoins modestes du paysan italien de toute origine, en font un instrument peut-être unique au monde pour obtenir une production intense de terres vierges cultivables, moyennant une avance de fonds insignifiante, comparativement au résultat. Qu'on envoie les familles de nos paysans sur le haut-plateau Éthiopien. Qu'on les mette dans des conditions telles, qu'elles soient excitées par leur propre intérêt à développer toutes leurs inestimables qualités, en leur assurant la propriété des terres qu'elles cultivent, et, dans un temps peu éloigné, les terres de cette région manifesteront toutes leurs forces productrices à l'avantage des cultivateurs et de l'État.

« Il faut naturellement une avance de fonds pour le premier établissement de la colonisation. Mettez

le meilleur cultivateur sur les terres les plus fertiles
du monde, s'il n'a pas les instruments et les bestiaux
pour les travailler, les semences, et les moyens de
vivre jusqu'à la première récolte, il commencera par
mourir de faim. Le paysan disposé à émigrer est,
en règle générale, un prolétaire. Il faut donc que
son premier capital d'établissement lui soit avancé
par la mère-patrie.

« Actuellement, sur le haut-plateau, il n'y a rien.
C'est, en réalité, un désert ; et il restera tel jusqu'à
ce que, par les soins du Gouvernement, il s'y soit
formé un premier noyau de population civile pro-
ductrice, suffisamment nombreux pour assurer l'exis-
tence de ceux qui exercent les arts et les industries
accessoires indispensables à la vie civile la moins
exigente.

« Il faut, à celui qui a toujours vécu dans les pays
civilisés, un grand effort d'imagination pour se
rendre compte des difficultés que soulèvent, dans
un pays absolument neuf, les nécessités les plus
communes de la vie. Toutes ces petites difficultés
réclament une telle dépense d'énergie, de temps et
d'argent, qu'elles rendent impossible la réussite de
colons qui, dans des conditions moins anormales,
auraient tous les éléments d'un succès certain.

« On pourrait faire un petit livre intéressant et
instructif sur les vicissitudes survenues au moulin
à vent qui actuellement moud le grain des colons à
Godofelassi, depuis le jour où il fut débarqué à

Massaouah, jusqu'à celui où il commença à fonctionner régulièrement sur le haut-plateau. »

Le baron Franchetti conclut que c'est l'État lui-même qui doit prendre en mains le développement de la colonisation en dirigeant et en favorisant le courant de l'émigration italienne vers l'Érythrée.

Je ne voudrais pas détruire de généreuses illusions, mais j'ai peu de foi, en principe, en la réussite des entreprises gouvernementales.

En tout et pour tout, l'*individu* qu'aiguillonne l'intérêt privé réussira toujours mieux que l'État impersonnel.

Aussi, suis-je persuadé que l'émigrant italien, étant donné son tempérament spécial, préférera toujours l'esclavage relatif auquel il est soumis au Brésil, à la liberté également relative dont il jouirait en Érythrée.

Il n'y a pas de loi humaine qui puisse aller à l'encontre des lois naturelles.

Aussi n'ai-je aucune foi en l'avenir de la colonisation italienne en Érythrée.

CONCLUSION

L'Éthiopie entière nous apparaît aujourd'hui comme une contrée presque complètement vierge au point de vue économique, sous la domination d'un prince résolu à conserver son indépendance et qui dispose de la force nécessaire à cet effet.

Ménélick, ami du progrès, est tout disposé à ouvrir son empire au commerce et à l'industrie de l'Europe et surtout aux Français.

Or, la France, par son heureuse situation à Djibouti, port desservi plusieurs fois par mois par les paquebots des Messageries Maritimes, est mieux à même que n'importe quelle puissance de profiter de cette bonne volonté.

L'Éthiopie est un pays sain et l'on a vu que ses ressources en tous genres sont immenses. Il serait donc intéressant pour nos compatriotes d'y tenter la fortune. Les premiers arrivés y réaliseront de gros bénéfices, tout en servant la cause de la civilisation et des intérêts français.

Ce volume n'a pas d'autre objet que de susciter de semblables initiatives.

APPENDICES

I

PROTOCOLES

ENTRE LES GOUVERNEMENTS DE SA MAJESTÉ BRITANNIQUE ET DE SA MAJESTÉ LE ROI D'ITALIE, POUR LA DÉMARCATION DE LEURS SPHÈRES D'INFLUENCE RESPECTIVES DANS L'AFRIQUE ORIENTALE.

N° 1

Protocole signé le 24 mars 1891.

Les soussignés,

Marquis de Dufferin et Ava, Ambassadeur de Sa Majesté la Reine du Royaume Uni de la Grande-Bretagne et d'Irlande, Impératrice des Indes ; et

Marquis de Rudini, Président du Conseil et Ministre des Affaires étrangères de Sa Majesté le Roi d'Italie ;

Après mûr examen des intérêts respectifs des deux pays dans l'Afrique Orientale, sont convenus de ce qui suit :

1. La ligne de démarcation, dans l'Afrique Orientale, entre les sphères d'influence respectivement réservées à la Grande-Bretagne et à l'Italie, suivra, à partir de la mer, le « thalweg » du fleuve de Juba jusqu'au 6° de latitude Nord, Kismayu avec son territoire à la droite du fleuve restant ainsi à l'Angleterre. La ligne suivra ensuite le parallèle 6° Nord jusqu'au méridien 35° Est Greenwich, qu'elle remontera jusqu'au Nil Bleu.

2. Si les explorations ultérieures venaient, plus tard, en indiquer l'opportunité, le tracé suivant le 6° latitude Nord et le 35° longitude Est Greenwich pourra, dans ses détails, être amendé d'un commun accord, d'après les conditions hydrographiques et orographiques de la contrée.

3. Il y aura, dans la station de Kismayu et son territoire, égalité de traitement entre sujets et protégés des deux pays, soit pour leurs personnes, soit à l'égard de leurs biens, soit enfin en ce qui concerne l'exercice de toute sorte de commerce et industrie.

Fait à Rome, en double exemplaire, le 24 mars 1891.

DUFFERIN AND AVA, RUDINI.

No 2

Protocole signé le 15 avril 1891. •

Désirant compléter, dans la direction du nord, jusqu'à la Mer Rouge, la démarcation des sphères respec- d'influence tives, entre l'Angleterre et l'Italie, que les deux parties ont déjà arrêtée, par le Protocole du 24 mars dernier, depuis l'embouchure du Juba, dans l'Océan Indien, jusqu'à l'intersection du 35° longitude Est Greenwich avec le Nil Bleu, les Soussignés :

Marquis de Dufferin et Ava, Ambassadeur de Sa Majesté la Reine du Royaume Uni de la Grande-Bretagne et d'Irlande, Impératrice des Indes ;

Marquis de Rudini, Président du Conseil et Ministre des Affaires étrangères de Sa Majesté le Roi d'Italie ;

Sont convenus de ce qui suit :

I. La sphère d'influence réservée à l'Italie est limitée, au Nord et à l'Ouest, par une ligne tracée depuis Ras Kasar sur la Mer Rouge au point d'intersection du 17° parallèle Nord avec le 37° méridien Est Greenwich. Le tracé, après avoir suivi ce méridien jusqu'au 16°30' latitude Nord, se dirige. depuis ce point, en ligne droite, à Sabderat, laissant ce village à l'Est. Depuis ce village le tracé se dirige au Sud jusqu'à un point sur le Gash à 20 milles anglais en amont de Kassala, rejoignant l'Atbara au point indiqué comme étant un gué dans la Carte de Werner Munzinger « Original karte von Nord Abessinien und den Ländern am Mareb, Barca und Anseba » de 1864 (Gotha, Justus Perthes), et situé au 14°52' latitude Nord. Le tracé remonte ensuite l'Atbara jusqu'au confluent du Kor Kakamot (Hahamot), d'où il va dans la direction d'Ouest jusqu'à la rencontre du Kor Lemsen, qu'il redescend jusqu'à son confluent avec le Rahad. Enfin, le tracé, après avoir suivi le Rahad pour le bref trajet entre le confluent du Kor Lemsen et l'intersection du 35° longitude Est Greenwich, s'identifiera, dans la direction du Sud, avec ce méridien jusqu'à la rencontre du Nil Bleu, sauf amendements ultérieurs de détails d'après les conditions hydrographiques et orographiques de la contrée.

II. Le Gouvernement Italien aura la faculté, au cas où il serait obligé de le faire pour les besoins de sa situation militaire, d'occuper Kassala et la contrée attenante jusqu'à l'Atbara. Cette occupation ne pourra, en aucun cas, s'étendre au Nord, ni au Nord-Est de la ligne suivante :

De la rive droite de l'Atbara, en face de Gos Rejeb, la ligne va dans la direction d'Est, jusqu'à l'inter-

section du 36ᵉ méridien Est Greenwich : de là, tour-
nant au Sud-Est, elle passe à 3 milles au Sud des
points marqués Filik et Metkinab dans la Carte
précitée de Werner Munzinger, et rejoint le tracé
mentionné dans l'article I à 25 milles anglais au
Nord de Sabderat, mesurés le long dudit tracé.

Il est cependant convenu entre les deux Gouvernements que toute occupation militaire temporaire du
territoire additionel spécifié dans cet article n'abro-
gera pas les droits du Gouvernement Égyptien sur
le dit territoire, mais ces droits demeureront seulement
en suspens jusqu'à ce que le Gouvernement Égyptien
soit en mesure de récupérer le district en question
jusqu'au tracé indiqué dans l'article I de ce Protocole, et d'y maintenir l'ordre et la tranquillité.

III. Le Gouvernement Italien s'engage à ne cons-
truire sur l'Atbara, en vue de l'irrigation, aucun
ouvrage qui pourrait sensiblement modifier sa dé-
fluence dans le Nil.

IV. L'Italie aura, pour ses sujets et protégés, ainsi
que pour leurs marchandises, le passage en franchise
de droits sur la route entre Metemma et Kassala, touchant successivement El Affareh, Doka, Suk-Abu-Sin
(Ghedaref), et l'Atbara.

Fait à Rome, en double exemplaire, ce 15 avril
1891.

DUFFERIN AND AVA, RUDINI.

II

LE COMMERCE DE L'ÉRYTHRÉE EN 1894

Voici, d'après des données fournies par la Chambre de commerce de Massaouah, les statistiques des importations et des exportations de l'Erythrée italienne, pendant le cours de l'année 1894. (Nous n'avons pas encore les données pour 1895).

En 1894, ont été importées à Massaouah des marchandises pour une valeur constatée, d'après les tarifs douaniers, de 9,606,966 lires. En 1893, on en avait emporté pour 9,017,417 lires. Il y aurait donc eu, en 1894, un accroissement d'importation de 589,549 lires.

Quant à l'exportation, elle a eu, en 1894, un total de 1,090,742 lires, les importations dépassant les exportations de 8,516,224 lires.

Parmi les principales matières importées figure le coton pour 3,124,227 lires; les céréales, les farines et les fruits pour 2,128,276 lires; les animaux et leurs produits et dépouilles pour 1,497,358 lires;

les denrées coloniales, drogues et tabacs pour
1,128,958 lires; les spiritueux, les boissons et les
huiles pour 561,818. Nous négligeons les autres
marchandises, dont l'importation pour toute l'année n'atteint pas la valeur d'un demi-million de
lires.

L'exportation consiste, naturellement, en produits
du pays : ivoire, beurre d'Abyssinie, café, cire,
gomme, nacre, peaux, écaille, musc.

L'ivoire, pour une quantité totale de 9,833 kilogrammes, a été envoyé à Aden, Bombay et Trieste :
soit 8,799 kilos pour Bombay, 989 à Aden, et seulement 45 à Trieste.

En beurre d'Abyssinie, il a été expédié en tout
31,414 kilogrammes, dont 29,847 pour Hodeida,
1,060 pour Assab, 357 pour Djedda, et 150 pour
Aden.

Le café, pour une quantité totale de 297,119 kilogrammes, est allé à Suez (136,475 kilos), à Djedda
(91,390 kilos), et le reste, par petites fractions, à
Alexandrie d'Égypte, Londres et Souakim. 11,516
kilos sont allés à Trieste, et 9,214 kilos en Italie.

La cire, pour une quantité de 20,331 kilogrammes,
a été toute dirigée sur l'Europe, c'est-à-dire, 18,856
kilos à Trieste et 1,475 kilos en Italie.

La gomme (75,783 kilogrammes) a été expédiée,
pour une quantité de 59,549 kilos, à Trieste, et le

reste à Bombay, Hodeida, Port-Saïd, Suez et en Italie.

La nacre, qui constitue le principal article d'exportation, et dont il a été exporté en tout 613,563 kilogrammes, arrive, elle aussi, en majeure partie (452,663 kilos) à Trieste. L'Italie a reçu 11,275 kilos. Le reste est allé principalement à Aden et Bombay, et en très petite quantité à Londres, Hodeida, Port-Saïd et Suez.

L'exportation des peaux s'est divisée en parties presque égales entre Aden (13,108 kilos) et Trieste (14,975 kilos). Le reste, jusqu'à concurrence de la somme totale exportée, qui a été de 40,756 kilogrammes, par petites parts, à Salonique, en Italie, à Port-Saïd, à Suez et à Assab.

En fait de musc, 17 kilos sont partis pour Aden, 17 pour Londres et 3 pour Suez.

Dans le port de Massaouah sont entrés, en 1894, 1,386 voiliers, jaugeant 17,158 tonneaux et contenant, soit à l'arrivée, soit au départ, 6,979 tonnes de marchandises, — et 1,413 voiliers vides, jaugeant 18,081 tonneaux; en tout 2,799 voiliers.

La statistique de la navigation à vapeur donne les chiffres suivants :

A l'entrée : 149 vapeurs, dont 55 italiens, 29 anglais, 51 égyptiens et 4 turcs, — avec 30,117 tonnes de marchandises.

A la sortie : 150 vapeurs, dont 65 italiens, 29 anglais, 52 égyptiens et 4 turcs, — avec 124,586 tonnes de marchandises.

III

LE COMMERCE DE LA NACRE ET DES TISSUS DE COTON DANS L'ÉRYTHRÉE ITALIENNE (1)

Antérieurement à l'occupation italienne, la quantité de nacre qui arrivait sur le marché de Massaouah était très faible, parce qu'alors ce port ne jouissait d'aucun avantage spécial par rapport aux autres : par conséquent le port préféré des pêcheurs était celui qui se trouvait le plus voisin du lieu de la pêche.

Mais depuis que la nacre a été exemptée à Massaouah du paiement de la taxe à laquelle elle était soumise (8 0/0 *ad valorem*), et depuis la publication

---

(1) D'après un rapport du général Baratieri.

du décret du gouverneur du 20 mai 1892, qui prescrivait le poids obligatoire en douane et dictait des lois tutélaires pour ce commerce, — les pêcheurs, qui apprécièrent les véritables avantages qui leur étaient faits par de telles dispositions, accoururent à Massaouah, même des points les plus lointains et le gouvernement eut la satisfaction de voir doubler et même tripler, en deux années seulement, la quantité de nacre exportée.

L'abolition de la taxe a mis Massaouah, en ce qui concerne le commerce de la nacre, sur le même pied que le port d'Aden, où désormais, on peut l'affirmer, n'arrive plus que la nacre pêchée dans le golfe Persique. Relativement aux ports de Souakim, Loheia et Hodeidah, Massaouah se trouve dans des conditions meilleures, puisque dans ces ports est toujours en vigueur une taxe de 8 0/0 sur les quantités exportées pour l'étranger.

Le décret de mai 1892 a été utile en ce sens qu'il a empêché les fraudes dans le poids et qu'il a fait voir aux pêcheurs les avantages de la concurrence entre les divers vendeurs.

A Massaouah, la nacre est rarement vendue aux enchères; les pêcheurs se sont quelquefois servis de ce moyen; mais quand ils ont compris que leur intérêt était également sauvegardé même dans les négociations privées, ils ont préféré ce dernier mode.

Les échanges se sont faits et se font encore aujourd'hui en thalers de Marie-Thérèse. Le prix de la nacre qui a été en moyenne, en 1893, de 33 thalers 1/2 par mesure de 70 kilos de poids brut était, en 1894, de 28 thalers seulement, quoique la valeur du thaler ait beaucoup diminué.

Les négociants se procurent les thalers à Massaouah, à Aden et à Trieste; en 1893, ils coutaient, — en monnaie italienne, — de 3 fr. 75 à 3 fr. 85 pièce; en 1894, leur prix est tombé à 3 fr. 05 et à 3 fr. par suite de l'avilissement de l'argent.

Les maisons suivantes font à Massaouah le commerce de la nacre :

V. Bienenfeld et Cⁱᵉ, de Trieste.

A. di G. Serur, A. del Mar, G. Luccardi, V. Schutz, Ali-Ali El Ghul, Ali Baginet, tous de Massaouah.

Datuboy Dossal, Dumray Emmeray, Ali Ab Dossal, Minahim Misa, Dada Boy et Cⁱᵉ, tous de Bombay.

La nacre est presque toute exportée pour Trieste, moins une petite quantité qui va à Londres. Elle va par les vapeurs de la *Navigation Générale Italienne* jusqu'à Aden ou à Alexandrie, d'où elle est transbordée sur des vapeurs de commerce anglais.

Avant d'être exportée la nacre est soumise à un premier nettoyage qui consiste dans l'élimination de la croûte externe, opération qui est faite en bat-

tant d'une manière appropriée les coquilles l'une
contre l'autre.

La raison pour laquelle la nacre va toute à Trieste
est évidemment que l'industrie qui la travaille
n'existe pas en Italie ou n'y existe que sur une très
petite échelle.

En ce qui concerne le commerce des tissus de coton, le général Baratieri a fait remarquer qu'on importe annuellement dans la colonie pour plus de
deux millions de lires de tissus, et que plus de trente
maisons de la seule place de Bombay y sont repré-
sentées.

La Chambre de Commerce de Massaouah, de son
côté, a fait observer que l'importation actuelle des
tissus de cotons, déjà suffisamment importante pour
donner du travail à plus d'une fabrique, augmentera
notablement à bref délai (cet espoir existait au commencement de 1895) par l'ouverture des échanges
entre l'Érythrée et le Soudan, par suite de l'occupation de Kassala.

Elle avait confiance que les fabriques italiennes
pourraient vaincre les fabriques indiennes dans le
commerce des cotons sur la place de Massaouah,
d'autant plus facilement que les tissus étrangers
sont soumis à une taxe de 15 0/0 *ad valorem*, qui
doit être payée en or avec une perte d'environ 10 0/0,

— et que le charbon, dans l'Inde, coûte beaucoup plus cher qu'en Italie, où, d'autre part, la main-d'œuvre abonde.

Les derniers événements semblent avoir détruit cette belle confiance.

IV

POIDS, MESURES ET MONNAIES DE L'ABYSSINIE

Voici, sur les poids, les mesures et les monnaies en usage en Abyssinie, et particulièrement au Choa, quelques détails empruntés à M. Arnoux (1) et à M. C. Mondon-Vidailhet (2).

L'unité de poids introduite en Éthiopie par les marchands musulmans, c'est le *rotoli*; 10 ou 12 *roto-*

---

(1) *La mission de M. Arnoux (Revue des Deux-Mondes,* 15 janvier 1879).

(2) *Manuel pratique de langue abyssine (amharique),* à l'usage des explorateurs et des commerçants. — Paris, Imprimerie nationale, 1891.

lis, suivant la contrée, forment un *ferossola ;* le rotoli est, au Choa, de 450 grammes, poids net de 18 talaris de Marie-Thérèse, mais à Massaouah il n'en vaut que 16, et 14 seulement en d'autres endroits.

L'*oukiet*, ou once, *pour l'ivoire*, représente le poids de 480 thalers, soit 13 kil. 333 gr. : — *pour le musc et pour l'or*, le poids d'un thaler.

Le *neter*, ou livre, *pour l'ivoire*, pèse 12 kilogr. ; pour le café, 18 thalers.

La seule mesure de longueur usitée en Éthiopie est la coudée (*kand*), avec ses subdivisions : l'empan (*sanjar*), le travers de main (*gat*) et le travers de doigt (*tat*).

La mesure de capacité est le *daoula*, qui équivaut à 90 litres environ, mais qui varie beaucoup selon les pays.

Le *kounna* mesure 4 litres et demi environ.

' Les anciens empereurs d'Éthiopie frappaient la monnaie à l'imitation des Byzantins.

Aujourd'hui, la seule monnaie de métal usitée dans le pays est le *talari*, ou thaler d'argent, à l'effigie de Marie-Thérèse d'Autriche. Ces talaris, valant environ 5 fr. 25 cent., sauf les écarts du change, sont frappés à Trieste et spécialement destinés au commerce de l'intérieur de l'Afrique où les importent les marchands juifs et musulmans.

La monnaie divisionnaire consiste en petits pains

de sel (*amoulié*) très durs, de 20 centimètres de long sur 4 de large et autant d'épaisseur, un peu amincis des deux bouts, ayant tout à fait la forme et la grosseur d'une pierre à aiguiser les faux.

La valeur varie, suivant les besoins, depuis 8 jusqu'à 12 *amouliés* pour un talari. Elle augmente à mesure qu'on s'éloigne de la mer ou des lacs salés : en même temps, par suite des transports, de l'humidité, et aussi de la cupidité des trafiquants qui les rognent comme autrefois on rognait les pièces d'or, le volume des pains va toujours diminuant à mesure qu'ils s'éloignent du point de départ.

Les toiles servent aussi aux échanges.

L'empereur Ménélick a commencé à faire frapper, à l'Hôtel des Monnaies, à Paris, une monnaie éthiopienne à son effigie, comprenant la pièce de cinq francs en argent et ses subdivisions.

BIBLIOGRAPHIE

Le plus récent et le plus complet des recueils bibliographiques relatifs à l'Abyssinie, est la *Bibliografia Etiopica* de M. G. Fumagalli, bibliothécaire de la Bibliothèque nationale de Milan, éditée en 1893, par Ulrico Hœpli (Milan), en un beau volume in-8° de 300 pages.

Cette bibliographie recense 3,428 titres d'ouvrages relatifs aux régions de l'Afrique orientale comprises sous le nom général d'Éthiopie, c'est-à-dire à peu près celles que l'Italie revendiquait naguère comme siennes depuis le ras Kasar au Nord jusqu'au fleuve Juba au Sud.

Cela ne veut pas dire qu'elle soit complète d'une façon absolue et qu'elle dispense de toute autre recherche, car certains travaux, et, non des moins importants, s'y trouvent omis.

Je citerai, au hasard :

Dr PETERMANN. *Renseignements sur le bassin de l'Anséba (Geogr. Mitheil.*, 1861, p. 300).

Extraits d'un journal du comte L. Türheim (*Geogr. Mittheil.*, 1859, p. 363), etc., etc.

Toutefois la *Bibliografia Etiopica* de G. Fumagalli est un recueil précieux dont ne sauraient se passer tous ceux qui désirent se livrer à une étude vraiment sérieuse de l'Éthiopie à tous les points de vue.

Mais comme la grande majorité de nos lecteurs a besoin d'indications bibliographiques plus modestes, nous allons résumer ici celles qui sont indispensables.

Au point de vue historique, rien ne vaut le précis que Bruce a tiré des chroniques du pays et qui fait partie de sa relation. Il est heureusement complété par les études de Salt, dans ses deux relations, le résumé et les additions du docteur Rüppell, au tome II de sa relation allemande (p. 335-403), et le mémoire de M. Dillmann, au tome VII, 1853, du *Journal de la Société orientale d'Allemagne.*

Pour la géographie, les ressources territoriales, l'ethnographie et l'archéologie, les relations particulièrement importantes sont les suivantes :

FR. ALVAREZ. *Viaggio nella Ethiopia* (1520-1526), au t. I de la collection de Ramusio.

Ger. Lobo. *Relation historique d'Abyssinie*, Paris, 1728, in-4º.

Ludolf. *Historia Æthiopica*, avec le commentaire, 1681-1691, 2 vol. in-fol.

Bruce. *Travels* (1771-1773), London, 1804, 7 vol. in-8º et atlas. C'est la meilleure édition. Il y a une traduction française.

Salt. Premier voyage (1805) dans les *Voyages and Travels* du comte Valentia, London, 1809, in-4º. Il y a une traduction française à part.

Salt. *Voyage to Abyssinia* (1809), London, 1814, in-4º. C'est le second voyage. Traduction française, en 2 vol. in-8º.

The Life and adventures of Nathaniel Pearce (1810-1819), London, 1831, 2 vol. in-8º, intéressant pour la connaissance de la vie intime des Abyssins.

Rüppell. *Reise in Abyssinien* (1833-1834) Francf. 1838, 2 vol. in-8º et atlas.

Rochet d'Héricourt. *Voyage à la côte orientale de la mer Rouge, dans le pays d'Adel et le royaume de Choa* (1834), Paris, 1834, in-8º.

Rochet d'Héricourt. *Second voyage sur les deux rives de la mer Rouge*, etc. (1842-1844), 1846, in-8º.

Isenberg and Krapf. *Journals* (1839-1842), London, 1843, in-8º.

Isenberg. *Abessinien*, Bonn, 1844, 2 vol. in-12.

Th. Lefebvre. *Voyage en Abyssinie,* (1839-1843), Paris, 1846, 3 vol. in-8⁰.

Ferret et Galinier. *Voyage en Abyssinie* (1840-1842), Paris, 1847, 3. vol. in-8⁰.

Beke. *Travels and Researches* (1840-1842), publiés par mémoires séparés dans divers journaux savants d'Angleterre, et en partiulier dans le *Journal de la Société de Géographie de Londres,* vol. X, 1840, XII, 1842, et XIV, 1844.

Harris. *The highlands of Ethiopia* (1841), London, 1844, 3 vol. in-8⁰.

Heuglin. *Reisen in nord-ost Africa* (1855), Gotha, 1857, in-8⁰.

M. Antoine d'Abbadie outre sa *Géodésie d'une partie de la haute Ethiopie*, in-4⁰, restée inachevée, a publié un peu partout une foule de notes et de mémoires du plus haut intérêt.

On consultera fructueusement, sur la question des établissements français dans la mer Rouge :

II. Lambert. *Journal de voyage* (*Tour du Monde*, 1862).

Denis de Rivoyre. *La baie d'Adulis et ses environs* (Société de Géographie, 1868).

Jules Gros. *Une exploration française en Abyssinie* (*Explorateur*, n⁰ 66, 1876).

Denis de Rivoyre. *L'Abyssinie pittoresque et commerçante* (*Explorateur*, 1877).

Hertz. *Les avances du roi Min-Hilick II aux entre-*

prises de la civilisation moderne (*Explorateur*, 1877).

GOLDTAMMER ET CAPITAINE. *Obock*, 1878.

LOUIS LAUDE. *Un voyageur français dans l'Ethiopie Méridionale* (*Revue des Deux-Mondes*, 1879).

DENIS DE RIVOYRE. *Mer Rouge et Abyssinie*, 1880.

CHARMETTANT. *D'Alger à Zanzibar*, 1881.

DENIS DE RIVOYRE. *Obock et la vallée de l'Euphrate.* (Société de Géographie, 1881).

SOLEILLET. *Lettres à M. Gravier sur Obock* (Société de Géographie de Rouen, 1882).

P. LOTI. *Obock* (*Revue politique et littéraire*, février 1887).

ROMANET DU CAILLAUD. *Cheick Saïd*, 1886.

LIONEL FAUROT. *Voyage à Obock et à Tadjoura* (*Revue de l'Afrique française*, 1886).

DE SALMA. *Obock. Exploration du golfe de Tadjourah* (1893).

Pour la phase de l'histoire d'Abyssinie relative à Théodoros, voir, outre les publications de Guillaume Lejean :

HORMUZD RASSAM. *Narrative of the British Mission to Theodoros, King of Abyssinia*, Lond., 1868, 2 vol. in-8° (Murray).

CLEMENTS R. MARKHAM. *A History of the abyssinian expedition*, Lond., 1869, in-8° (Macmillan).

En ce qui concerne la phase que l'on pourrait appeler « italienne » de l'histoire d'Abyssinie, c'est surtout dans ces dernières années, qu'un certain nombre de bons livres ont été publiés, et plusieurs, parus depuis la *Bibliografia Etiopica* de G. Fumagalli, n'ont pu y être recensés.

C'est ainsi qu'un volumineux document publié par le cardinal Guglielmo Massaja : *I miei trenta cinque anni di missione nell'Alta Etiopia,* n'avait que huit volumes lorsque parut la bibliographie de Fumagalli, tandis qu'il en compte actuellement onze.

Ne pouvant avoir la prétention d'écrire ici un Supplément à la *Bibliografia* de Fumagalli, nous nous contenterons de signaler les travaux qui ajoutent réellement des données nouvelles à celles que l'on possédait déjà à cette époque :

The Beni Amer Country (Proceed., août 1892, p. 546-550, carte).

[Récit succinct de l'expédition faite dans le pays des Beni-Amer par le gouverneur général du littoral de la mer Rouge, Lewa Holled Smith, en février 1892. Son rapport et celui de M. Reginald S. Curtis, qui l'accompagnait, sont résumés dans cette courte notice.]

BRICCHETTI-ROBECCHI. *La Grammatica somali del Ferrand* (*Boll. Soc. Geog. Ital.,* juillet 1892, p. 599-608).

[Critique des *Notes de grammaire Somali* de Gabriel Ferrand.]

BOTTEGO. *Nella terra dei Danakil* (*Boll. Soc. Geog.*

Ital., mai, 1892, p. 403-418, fig.; juin, p. 480-494, dessins et cartes).

[Le capitaine Bottego, parti de Massaouah, s'est rendu successivement à Arkiko, à Zoula, à Arafali, à Meheder, où il a séjourné, à Eddi, à Goubi. Il est ainsi arrivé à Assab en longeant la côte du pays des Danakils. Ses observations sur l'aspect des pays qu'il a traversés, sur les Danakils, etc., sont intéressantes et très précises.]

BETTINI (Cap. L.). *Gl' idiomi parlati nella nostra colonia* (*Boll. Soc. Georg. Ital.*, janvier 1892, p. 54-67).

[Ce sont le tigré, le tigrégna, le saho, le dancali, l'agaoo, l'adaru ou edareb ou hadendoa, le baria et le baza, qu'on parle dans la colonie d'Érythrée.]

BARATIERI. *La Regione tra l'Anseba ed il Barca* (*Boll. Soc. Geog. Ital.*, mai 1892, p. 418-422, carte).

[D'après les « Considerazioni militari sulla regione tra l'Anseba ed il Barca » publiées par le colonel Baratieri dans la *Revista Militare Italiana*, accompagnées d'une carte intéressante.]

CHAURAUD (Capitaine HENRI de). *Cenno sulla costruzione della « Carta dell' Etiopia »* in corso presso il Corpo di Stato Maggiore italiano (*Boll. Soc. Geog. Ital.*, août-septembre 1892, p. 740-745).

[Cette *Carta dimostrativa dell' Etiopia* (altimetria e planimetria), aujourd'hui complètement publiée « in

6 fogli et due aggiunte alla scalla di 1/1,000,000 » est le plus récent et le meilleur document cartographique, relatif à l'Éthiopie.]

CAMPERIO (MANFREDO). *L'Érythrée agricole* (*Mouvement géog.*, 30 octobre 1892, p. 121-122).

[Renseignements sur les tentatives de culture faites par les Italiens dans l'Oculé-Cusaï, etc.]

FIORI. *Saggi musicali dell' Eritrea* (*Boll. Soc. Geog. Ital.*, août-septembre 1892, p. 770-774).

TERRACIANO (Dr ACHILLE). *Escursione Botanica alle terre degli Habab* (*Boll. Soc. Geog. Ital.*, 1892 et 1893).

[Renseignements botaniques intéressants; relation détaillée du voyage, accompagnée d'une carte intéressante au 1/1,400,000.]

TERRACIANO (Dr A.). *Escursione botanica nelle isole Dahalak* (*Boll. Soc. Geog. Ital.*, mai 1892, p. 434-436).

[Courte lettre du botaniste voyageur.]

PIROTTA (Prof.). *Esplorazione botanica della Colonia Eritrea* (*Boll. Soc. Geog. Ital.*, juillet 1892, p. 568-570).

[Lettre très élogieuse sur les travaux du Dr Achille Terraciano.]

PIROTTA. *Sulle collezioni botaniche della Spedizione Brichetti-Robecchi* (*Boll. Soc. Geog. Ital.*, janvier 1892, p. 49-50).

[Elles ont été recueillies par M. Brichetti-Robecchi

dans son voyage à l'intérieur du pays des Somalis ; un bon tiers des plantes sont nouvelles pour la science.]

VINCIGUERRA (Prof. D.). *Sulle Collezioni zoologiche della Spedizionne Bricchetti-Robecchi (Boll. Soc. Geog. Ital.,* février 1892, p. 128).

Il Dott. Schweinfurth e l'Eritrea (Boll. Soc. Geog. Ital., mars-avril 1892, p. 279-294).

[Ce sont deux lettres adressées à Manfredo-Camperio. La première a trait surtout à la flore du pays, pour laquelle M. Schweinfurth divise l'Érythrée en huit zones : le Samhara, les premiers contreforts, le versant éthiopien entre 1,000 et 2,000 mètres, les territoires de l'Éthiopie abyssine (la vallée du Mareb, l'ancienne province d'Hamasen), le territoire des Bogos et des Mensa, le pays au Nord du Lebka, la vallée du Barca et le protectorat soudanais sur les Beni-Amer et les Barca, enfin les îles Dahlak. — Il se montre dans la seconde lettre très pessimiste relativement au commerce de Massaouah et de l'Érythrée.]

TRAVERSI (Dr L.). *La stazione di Let-Marefia (Boll. Soc. Geog., Ital.,* mai 1892, p. 401-403).

[Notice sur cette station établie au Choa.]

Dr FILIPPO. *Sguardo generale sulla patologia di Massaua et studi sulle malattie febbrili che vi predominano.* Roma, 1894.

Luigi Biagini. *Un' escursione nell' Eritrea.* Alessandria d'Egitto, 1894.

Ernest Great Hoyos Junior. *Zu den Aulihan Reise und Jagderlebnisse in Somalilande.* Wien, 1895.

Cap. Vittorio Bottego. *Il Giuba esplorato.* Roma, Lœscher, 1895.

Ingénieur L. Robecchi-Brichetti. *Nell Harrar.* Milan, 1896.

La Guerra Italo-Abissina illustrata. Trèves. Milan. Édition populaire très bien faite, en cours de publication.

TABLE

LIBRAIRIE AFRICAINE & COLONIALE

JOSEPH ANDRÉ & Cie

27, Rue Bonaparte. PARIS.

BUSSIDON. — **Abyssinie et Angleterre** (Théodoros) Perfidies et intrigues anglaises dévoilées, souvenirs et preuves In-12 br. . . . . 1 fr. 50

CAIX de St-AYMOUR (Vte de). — **France et Ethiopie.** — Histoire des relations de la France avec l'Abyssinie chrétienne. In-12 br. . . . . . 3 fr. 50

COMBES (Paul). — **Le Mouvement africain en 1892.** In-8 br. . . . . 4 fr.

CASTONNET DES FOSSES. — **La perte d'une Colonie. La révolution de St Domingue.** In-12 br. . . . . 3 fr. 50

DAVILLÉ (D' E.). — **Le colonisation française aux Nouvelles-Hébrides.** In-8 br. *Cartes et phototypies* . . . . . 5 fr.

DOULIOT (H). — **Journal du voyage fait à la côte Ouest de Madagascar** (1891-92). In-8 br. *Carte.* . . . . . 4 fr.

DUJARRIC (Gaston). — **Souvenirs d'escales et de traversées.** In-12 br. . . . 3 fr. 50

GAVILLOT (A.). — **L'Angleterre épuise l'Egypte. Les finances égyptiennes sous l'occupation anglaise.** 1 fort vol. in-4. . 4 fr.

GOUNON (S.). — **La colonie du Cap et le Transvaal.** 1 vol in-8 br. *Carte.* . . . 1 fr. 50

Guide pratique du colon et du soldat à Madagascar, par MM. E. Gautier, Jully, D' Rouire et P. Combes. In-12 rel.

toile, *contenant 4 cartes de MM. Grandidier et du R. P. Roblet et 9 tableaux synoptiques.* . . 5 fr.

GUYOT (P.). — **Voyage au Zambèze** In-8 br. *Cartes et planches.* 5 fr.

MALLESON. — **Histoire des Français dans l'Inde.** In-8 br. . . . . 7 fr. 50

MATTEI (Commandant). — **Bas-Niger, Bénoué, Dahomey.** In-8 br. *illust.* . . . . 5 fr.

MONDON-VIDAILHET (C.). — **Manuel pratique de la langue Abyssine (Amharique).** — A l'usage des explorateurs et des commerçants Paris, 1891, in-12, br. . . . . . . 8 fr.

MOULIÉRAS (A.). — **Le Maroc inconnu. Exploration du Rif** (Maroc septentrional). Paris, 1895, in-8 br. *Cartes* inédites du Rif. . . . . . . 7 fr.

RAHIDY (R.-P. Basilide) — **Cours pratique de langue malgache.** 3 v. in-12, toile. 11 fr. 50

1re *partie* : Grammaire, in-12, toile. . . . . . . 3 fr. 50

2e *partie* : Dialogues et vocabulaire français-malgache, in-12 toil. 4 fr.

3e *partie* : Exercices et vocabulaire malgache-français, in-12, t. 4 fr.

RAINAUD. — **La Pentapole cyrénéenne et la colonisation.** In-8 br. . . . . . . 1 fr.

SALMA (L. de). — **Obock.** Exploration du golbe de Tadjoura, du Gubbet-Kharab et de Bahr-Assal. Paris, 1893, in-12 b. 2 fr.

Catalogues périodiques d'ouvrages anciens et modernes sur les voyages, la colonisation et les langues orientales.